S0-DZC-627

PASSEPORT

FRIMATIC
FRIMATIC
SUPER TRIPLE FROID
LIGNE
FUSÉE
2 PORTES
9
POINTS NEUFS
1
2
3
TRIPLE FROID
RÉFRIGÉRATEURS TRIPLE FROID
Gibbs

PASSEPORT

A BEGINNING READER FOR COMMUNICATION

Second Edition

Gilbert A. Jarvis
Thérèse M. Bonin
Donald E. Corbin
Diane W. Birckbichler
THE OHIO STATE UNIVERSITY

Elaine McKee
STATE UNIVERSITY COLLEGE AT BUFFALO

HOLT, RINEHART AND WINSTON

New York Chicago San Francisco Philadelphia Montreal Toronto
London Sydney Tokyo Mexico City Rio de Janeiro Madrid

The authors and the publisher would like to thank the following professors for their thoughtful suggestions during the development of *Passeport:*
Harold W. Bodon, Missouri Southern State College
Marc L. Mancini, West Los Angeles College
Chantal P. Thompson, Brigham Young University

Cataloging in Publication Data

Main entry under title:

Passeport : a beginning reader for communication.

Chiefly French, some English.
Rev. ed. of: Passeport pour la France. 1977.
1. French language—Readers. I. Jarvis, Gilbert A.
PC2115.P26 1983 448.6'421 82-25838

ISBN: 0-03-062349-9

Address correspondence to:
383 Madison Avenue
New York, N.Y. 10017

Printed in the United States of America
Published simultaneously in Canada
5 6 039 9 8 7 6 5 4 3 2

CBS COLLEGE PUBLISHING
Holt, Rinehart and Winston
The Dryden Press
Saunders College Publishing

CONTENTS

PREFACE

TO THE SECOND EDITION

The change of title from *Passeport pour la France* to *Passeport* reflects one of the most important changes to the first edition: the readings (most excerpted from authentic sources) now include many areas of the French-speaking world beyond France. In the second edition, moreover, one-third of the chapters are entirely new. Learning activities throughout the book have been modified or replaced to help students communicate and share ideas on a wide variety of topics. Cultural notes, related to topics of interest in the readings, now accompany every chapter. The *Aide-Communication* sections, a new feature of the book, contain useful vocabulary clusters and grammar structures related to the reading passages and designed to enhance the student's communicative skill. Each *Aide-Communication* includes a learning activity.

What has not changed is the desire to provide a pleasant and significant learning experience—an alternative to the tiresome drills, exercises, and memorization that often characterize beginning language classes. This beginning reader for communication provides a "passeport" to the Francophonic world through readings that are accessible to students at early stages of learning. Interesting and varied activities foster genuine communication and provide cultural information that will help students better understand and appreciate an increasingly interdependent world.

INTRODUCTION

Purpose

The satisfaction and pleasure of being able to read and to communicate with other students in a new language cannot be merely a promise of advanced courses. It is important that beginning students have as soon as possible the opportunity to apply and utilize in a meaningful way the new language structures and vocabulary that they are learning. *Passeport: A Beginning Reader for Communication* is designed to provide these experiences at the earliest possible level. It is intended to supplement a first-year basic language text by providing 1) cultural readings that reveal the customs, thought, and everyday life of French-speaking people; and 2) communication activities that are not only enjoyable but are also valid learning activities.

Difficulty

With the exception of Chapter 15, *Passeport* is written entirely within the present tense and the 500 most frequent words in French as indicated by the *Français fondamental* word list. Any other items that are not recognizable cognates or derivatives of cognates are glossed in the margin.

Most of the reading selections are adaptations of articles that have recently appeared in French magazines. Chosen for their authentic cultural insights, the selections have been edited and simplified to minimize linguistic problems, though the original French punctuation has been retained. *Passeport* should be viewed as a first step away from reading the contrived language of a basic text toward the ultimate goal of being able to read unedited, authentic material in French.

Thus, *Passeport* has a lower level of difficulty than *Connaître et se connaître* and *Vivent les différences,* other readers in the same series.

Organization

Each chapter of the book is divided into two sections:
1. Reading. Each chapter contains a reading selection that focuses on topics of cultural or human interest. Most of the selections are adapted from magazines of the French-speaking world. The readings are followed by (a) *Notes Culturelles,* which provide supplementary information about topics contained in the readings; (b) a *Compréhension du texte* to allow students and teachers to check understanding of the material; and (c) an *Aide-Communication* containing vocabulary words and grammar structures related to the content of the reading as well as a learning activity that asks students to use the material in a meaningful context. The *Aide-Communication* section, designed to provide a greater range of language for communication, is optional and can be assigned as time and interest permit.
2. *Activités.* Each chapter contains a series of carefully structured communication activities that utilize the themes, ideas, and topics of the readings. They provide language practice in every language skill and give students the opportunity to express their ideas and apply their learning on a wide and interesting variety of subjects.

Special Note to the Instructor

The authors believe that it is the classroom instructor who is in the best position to decide how to structure activities for his or her students. *Passeport* is therefore intentionally flexible and versatile in this respect. Activities can, for example, be included or omitted. Moreover, it is the instructor who must make decisions such as whether an activity should be done orally or in writing, in a large group or small groups. Thus, the book can be utilized in many different ways in many different programs.

The flexibility in the book also extends to the students, who are given many opportunities to examine and express what they think and believe. The "?" is used in many activities as an invitation to the students to create additional responses whenever they wish to do so. Like any invitation it can be accepted or declined. In the classroom testing of these activities many students did in fact accept the invitation to create; communication skills increased and positive attitudes developed.

PASSEPORT

chapitre un

Les Gestes parlent

Toutes les cultures ont leurs gestes caractéristiques qui sont souvent plus expressifs et éloquents que des mots.° Ces gestes permettent quelquefois de communiquer sans parler. Les Français, en particulier, ont la réputation de faire beaucoup de gestes. — *words*

5 Pouvez-vous identifier les gestes les plus typiques des Français ? Faites ce petit test et consultez l'interprétation pour déterminer si vous êtes capable de comprendre ces messages silencieux.

1.

a. Cette conférence n'est pas intéressante.

b. Je suis perplexe.

c. Où est mon rasoir° électrique ? — *razor*

2.

a. Mon œil !° Tu exagères ; je ne te crois pas ! — *eye*

b. Veux-tu sortir avec moi ?

c. Tu as l'air fatigué.° — *look tired*

3.

a. Bonjour, mon capitaine.

b. Il fait très chaud aujourd'hui.

c. Ces exercices sont fatigants ; j'en ai par-dessus la tête !° — *I've had it up to here.*

4.

a. Vous allez à Paris, monsieur ?

b. Allons boire quelque chose dans ce café.

c. Regardez cet imbécile derrière nous !

5.

a. Ce champagne est superbe !

b. Embrasse-moi !

c. Au revoir et bon voyage !

6.

a. Que je suis intelligent !

b. Il est fou,° ce garçon ! — *crazy*

c. J'ai mal à la tête.° Donnez-moi deux aspirines. — *have a headache*

7.

a. Où est le ballon ?

b. Quelle heure est-il ?

c. —Comment dit-on « pickles » en français ?—Vraiment, je ne sais pas.

8.

a. Le vent° vient du nord-ouest. — *wind*

b. J'ai mal à la main.° — *hand*

c. C'est une fille sensationnelle !

9.

a. Un, deux . . .

b. Attention, il a un revolver !

c. Vive la France !

10.

a. J'ai rendez-vous chez le dentiste cet après-midi.

b. Et pour lui . . . Rien ! Pas un sou !!° — *Nothing! Not a cent!!*

c. Je suis timide ; je n'ai pas confiance en moi.

RÉPONSES :

1. a; 2. a; 3. c; 4. b; 5. a; 6. b; 7. c; 8. c; 9. a; 10. b

RÉPONSES CORRECTES	INTERPRÉTATION	
9–10	Vous avez de la chance !° Vous savez déjà communiquer avec les Français.	*luck*
7–8	Ce n'est pas mal ! Mais attention, quelquefois vos gestes risquent de provoquer des situations délicates.	
0–6	Ne faites pas de gestes : gardez les mains dans vos poches.° Pour vous, les mots sont indispensables.	*pockets*

Notes Culturelles

The photographs below illustrate another difference between French and American body language. Americans tend to gesture with their whole body. French people, on the other hand, move only the upper portion of their torsos and keep their arms close to their body.

Aide-Communication

In order to say how one looks, feels, or what one needs, expressions with *avoir* are often used in French. Some of the most common are:

avoir l'air	to look like, to seem
avoir envie de	to feel like, to want to
avoir besoin de	to need
avoir mal aux dents	to have a toothache
avoir faim	to be hungry
avoir soif	to be thirsty
avoir chaud	to be warm
avoir froid	to be cold
avoir sommeil	to be sleepy
avoir peur (de)	to be afraid

How would you describe the following people? Use one of the expressions above.

EXEMPLE: *Il a envie de jouer avec son chien.*

ACTIVITÉS

A. Les gestes américains

Like the French, Americans also have a system of gestures and body language that everyone understands. Indicate the gestures you might make in each of the following situations.

Quels gestes faites-vous . . .

1. pour indiquer que vous êtes fatigué(e) ?
2. pour indiquer que quelqu'un est fou ?
3. quand vous voyez une belle fille ou un beau garçon dans la rue ?
4. pour indiquer que quelque chose est de qualité supérieure ?
5. pour indiquer que quelque chose est de qualité très inférieure ?
6. quand quelqu'un parle trop ?
7. pour indiquer que vous n'avez pas de solution à un problème ?
8. pour exprimer la surprise ?
9. pour exprimer votre hostilité ?
10. pour dire « au revoir » à quelqu'un ?

B. Les visages parlent

Feelings and moods are communicated through facial expressions and body language. For each illustration, choose the adjectives that describe the feelings of the people represented below.

EXEMPLES: *Il a l'air content.*
Elle a l'air surprise.

1. content(e)
   mécontent(e)
   mélancolique
   furieux/furieuse
   fatigué(e)
   découragé(e)
   gai(e)
   vexé(e)

2. agressif/agressive
surpris(e)
intrigué(e)
mécontent(e)
anxieux/anxieuse
horrifié(e)
stupéfait(e)
intéressant(e)

3. indifférent(e)
pensif/pensive
sérieux/sérieuse
courageux/courageuse
hostile
enthousiaste
préoccupé(e)
patient(e)

4. irrité(e)
satisfait(e)
content(e)
vexé(e)
joyeux/joyeuse
sévère
intelligent(e)
surpris(e)

C. Réactions

Complete the following sentences, indicating what your feelings would be in the situations given below. You may want to use the adjectives in Activity B; both the masculine and feminine forms are provided.

1. Quand j'ai un examen, je ...
2. Quand je ne peux pas dormir, je ...
3. Quand je suis avec mes ami(e)s, je ...
4. Quand il fait beau, je ...
5. Quand je suis dans ma classe de français, je ...
6. Quand je suis en vacances, je ...
7. Quand quelqu'un m'insulte, je ...
8. Quand on parle de la politique, je ...
9. Le dernier jour de classe, je ...
10. Quand quelqu'un ne m'écoute pas, je ...

D. Mettez du français dans vos bagages

While nonverbal communication can be very useful, knowing a few basic phrases will help a visitor in a French-speaking country. From the following list choose the 15 expressions that you consider the most important. You may want to compare your choices with those of other students. The "?" in this activity and in all activities is an invitation to add any items you would like.

1. Quelle heure est-il ?
2. Excusez-moi.
3. Bonjour.
4. Où sont les toilettes ?
5. Combien est-ce ?
6. Un, deux, trois . . . dix.
7. Pardon, monsieur. Où est la gare, s'il vous plaît ?
8. Donnez-moi une carte postale, s'il vous plaît.
9. Au revoir.
10. Comment allez-vous ?
11. Est-ce qu'il y a des lettres pour moi ?
12. Merci.
13. Je suis malade.
14. Apportez-moi le menu, s'il vous plaît.
15. Je ne comprends pas.
16. Parlez-vous anglais ?
17. C'est trop cher.
18. Je ne peux pas trouver mon passeport.
19. Avez-vous une chambre ?

20. Quelle est votre adresse ?
21. Je désire changer des dollars en francs.
22. Où est l'Ambassade américaine ?
23. Aidez-moi !
24. Quel est votre nom ?
25. Laissez-moi tranquille !
26. Combien est-ce pour envoyer une lettre aux États-Unis ?
27. Voulez-vous sortir avec moi ?
28. Je t'aime.
29. Est-ce qu'il y a une pharmacie près d'ici ?
30. ?

E. Avec un peu de français . . .

Knowing a little French and being creative with gestures will usually allow you to communicate in almost any situation. Listed below are several problems that you might encounter in a French-speaking country. How would you handle the following predicaments? Use the French you know, gestures, drawings—anything but English!

1. Vous êtes dans un restaurant à Dijon. Le dîner est de très mauvaise qualité, mais vous êtes obligé(e) de payer. Que faites-vous?
2. Vous êtes dans une agence de voyage. Vous avez l'intention de visiter les Châteaux de la Loire. L'employé—très enthousiaste—vous propose un voyage organisé en autobus. Vous refusez parce que vous préférez établir votre programme vous-même. L'employé insiste pour vous forcer à choisir l'excursion organisée. Que faites-vous ?
3. Vous dînez avec des amis dans un grand restaurant parisien. Le garçon vous demande quel vin vous désirez. Panique ! Vous connaissez seulement le coca-cola et les vins comme Lancers, Gallo, Paul Masson, etc. Que faire ?
4. Vous arrivez à l'aéroport Charles de Gaulle à Paris. Vous cherchez vos bagages mais vous ne pouvez pas trouver une de vos valises. Qu'est-ce que vous allez faire ?
5. Vous visitez la ville de Québec. Un soir vous décidez de faire une promenade en ville. À onze heures vous décidez de rentrer à l'hôtel. Quelle catastrophe ! Vous n'avez pas l'adresse de l'hôtel sur vous. Que faire ?
6. Vous voyagez en train et vous voulez aller de Luxembourg à Paris. Après le départ du train, le contrôleur annonce: « Préparez vos passeports. Dans cinq minutes, nous arrivons en Allemagne. » Qu'est-ce que vous allez faire ?

F. Dialogues

Body language often reveals what people are saying or thinking. Look at the illustrations below and decide which dialogue best fits each illustration.

1. —Je vais faire du ski à Chamonix au mois de décembre.
   —Sensationnel ! Nous avons un chalet à cinq kilomètres de Chamonix ! Venez donc nous rendre visite un jour.
2. —Je pense sérieusement à quitter l'université. Est-ce que tu crois que c'est une bonne idée ?
   —Hm . . . Je ne sais pas, moi. C'est une décision importante.
3. —Tu es vraiment jolie ce soir.
   —Tu es gentil de me faire toujours des compliments.
4. —J'ai des difficultés avec ma composition de français. Est-ce que tu peux m'aider ?
   —Bien sûr. Demain, si tu veux.
5. —Vous savez qu'il y a trois matchs de football à la télévision dimanche.
   —Ah oui? . . . Je n'aime pas les sports.
6. —C'est évident. La seule solution au problème de la pollution de l'air, c'est de contrôler strictement les industries.
   —À votre âge, vous êtes incapable de comprendre les complexités de l'économie.

chapitre deux

Qu'est-ce que les Tunisiens aiment lire?

Malgré° le prix des livres, et malgré la télévision et le cinéma, les Tunisiens aiment lire. Voilà ce qu'°ils disent:

despite
what (that which)

Mme Youssef, secrétaire

Maintenant que j'ai mon bébé, je n'ai pas beaucoup de temps pour lire. Mais j'aime beaucoup la lecture.° Je lis des journaux et des livres en français parce que je ne sais pas l'arabe.

reading

M. Benaoui, artiste

Je ne lis pas beaucoup. Mais quand je lis, je lis seulement les livres qui sont en arabe ou en français. Je n'aime pas les traductions.° Je m'intéresse surtout au théâtre et à la poésie.° Je ne lis pas les « best-sellers ». Ils me laissent indifférent.

translations
poetry

Mlle F. Zodhra, lycéenne

Je lis surtout pendant les vacances. Pendant l'année, je suis obligée de lire des livres de classe. Mais pendant les vacances, je lis des livres qui m'intéressent. Je lis aussi pour apprendre. Je pense que les filles lisent beaucoup plus que les garçons. Les garçons préfèrent passer leur temps dans la rue.

Mlle Cherkaoui, employée de bureau

Je n'aime pas lire. Ça m'ennuie.° Je préfère regarder la télévision.

bores

Mme Guerzouz, mère de famille

Je lis beaucoup, mais seulement des choses faciles.° Je lis surtout des romans policiers.° J'aime bien lire le soir dans mon lit.

easy

detective novels

M. Fatah, professeur

Je passe huit heures au lycée. Quand je rentre à la maison, je prépare mes classes. Je n'ai pas beaucoup de temps libre.° Le soir je suis trop fatigué pour lire. Alors, je préfère regarder la télévision.

free

M. Larbi, chef de bureau

Je lis, mais pas régulièrement, et seulement pour me relaxer. C'est pourquoi je lis surtout des journaux sportifs.

Extrait et adapté d'un article de Dialogue

Notes Culturelles

Tunisia, located in the northeast corner of Africa, is about 1/5 the size of Texas. A French protectorate for 75 years, Tunisia received its independence from France in 1956. It has, however, preserved much of its French influence (dress, housing, entertainment, education, etc.). Although Arabic is considered the official language of Tunisia and is now taught in most schools, almost all Tunisians speak French and are educated primarily in French.

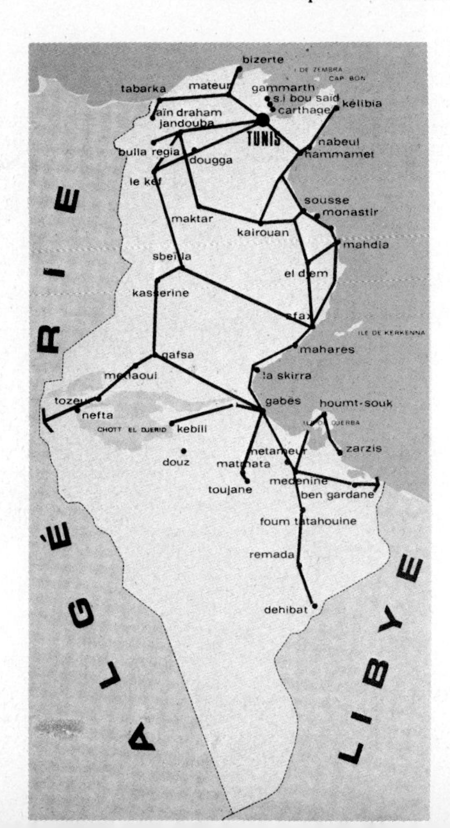

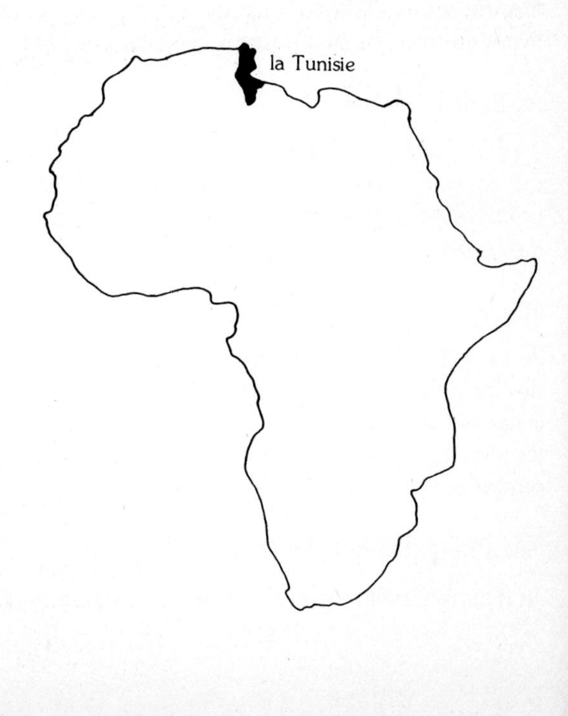

Compréhension du texte

Answer the following questions about the reading selection.

1. Qu'est-ce qui est différent dans la vie de Mme Youssef maintenant qu'elle a son bébé?
2. Pourquoi lit-elle seulement des journaux et des livres français?
3. À quoi M. Benaoui s'intéresse-t-il?
4. Qu'est-ce qu'il pense des « best-sellers »?
5. Est-ce que Mlle Zodhra lit plus pendant l'année ou pendant les vacances?
6. Pourquoi pense-t-elle que les garçons lisent moins que les filles?
7. Mlle Cherkaoui ne lit pas beaucoup. Pourquoi?
8. Qu'est-ce que Mme Guerzouz aime lire?
9. Qu'est-ce que M. Fatah fait quand il rentre à la maison le soir?
10. Pourquoi M. Larbi lit-il surtout des journaux sportifs?

Aide-Communication

To talk about what you are interested in, you may say either:

Je m'intéresse à la littérature. or **La littérature m'intéresse.**
Nous nous intéressons au théâtre. or **Le théâtre nous intéresse.**

Tell how interested you are in the following types of reading and reading topics.

EXEMPLES: *Les horoscopes ne m'intéressent pas beaucoup.*
Je ne m'intéresse pas beaucoup aux horoscopes.

1. La littérature
2. La science-fiction
3. Les sciences
4. Le théâtre
5. La poésie
6. La politique
7. L'horoscope
8. Les sports
9. Le cinéma
10. L'exploration spatiale
11. Les problèmes sociaux
12. ?

A. Projets

1. *If you had some extra time to work on a special project, what would you choose? Which three of the following projects are most appealing to you? Feel free to add any other projects that might interest you.*

Je voudrais . . .

écrire un roman
apprendre une autre langue moderne
étudier un problème social
apprendre la photographie
collectionner des pièces de monnaie
étudier l'histoire de notre ville
lire tous les romans de votre auteur préféré
étudier le folklore de notre région
apprendre à faire la cuisine française
écrire un journal en français
apprendre à réparer une auto
étudier la mythologie grecque ou romaine
préparer et présenter une pièce de théâtre
étudier la culture et les coutumes indiennes
collectionner et étudier les insectes de notre région
étudier le problème de la pollution dans notre ville
apprendre à jouer d'un instrument de musique
?

2. *After you have chosen three projects, get together with several other students. Compare your projects, discuss their advantages, and choose the one that is most appealing to all of you.*

B. Questions / Interview

Answer the following questions or use them to interview another student. The question mark is an invitation to create additional questions.

1. Est-ce que vous aimez lire ?
2. Est-ce que vous lisez beaucoup ?
3. Quand et où est-ce que vous aimez lire ?

4. Qu'est-ce que vous aimez lire ?
5. Est-ce que vous préférez les romans d'aventure, les romans policiers, les romans de science-fiction ou les best-sellers ?
6. Quel est votre roman favori ?
7. Quel est votre auteur préféré ?
8. Est-ce que vous aimez lire des poèmes ?
9. Est-ce que vous écrivez quelquefois des poèmes ?
10. Est-ce que vous lisez souvent des revues comme *Paris Match* et *Time* ?
11. Quelles sortes d'articles préférez-vous ?
12. Est-ce que vous désirez écrire un roman ?
13. ?

C. Table des matières

The following types of articles may be found in many magazines. Use the scale below to tell how often you read each of them. Are there other articles that you find interesting? If so, feel free to add them to the list.

ne . . . jamais — **rarement** — **souvent** — **toujours**

EXEMPLE: *Je ne lis jamais les critiques de films.*

. . . les articles sur les artistes de cinéma et de télévision
. . . les articles sur les problèmes d'intérêt général
. . . les articles sur les sports
. . . les commentaires sur les événements de la semaine
. . . les essais photographiques sur des sujets variés
. . . les bandes dessinées comme *Peanuts* et *Astérix*
. . . les articles sur des sujets scientifiques et technologiques
. . . les critiques de films

. . . les articles et commentaires sur les meilleurs disques, concerts et spectacles de la semaine
. . . l'horoscope de la semaine
. . . les essais biographiques sur des personnages importants dans le monde politique, artistique ou littéraire
. . . les sondages d'opinions (comme Gallup aux Etats-Unis et SOFRES en France)
. . . les articles sur les pays étrangers
. . . ?

D. Des titres célèbres

Many books and films are translated into other languages. It is not always possible, however, to translate the titles word for word. Match the following French and English titles and note how they are similar or different.

F 1. Notre Dame de Paris
A 2. Le Petit Chaperon Rouge
B 3. La Planète des singes
I 4. L'Argent de poche
J 5. Les Raisins de la colère
E 6. Blanche-Neige et les sept nains
L 7. Tout est bien qui finit bien
G 8. Les Dents de la mer
D 9. Autant en emporte le vent
K 10. En attendant Godot
H 11. Le Sous-marin jaune
C 12. Racines

a. Little Red Riding Hood
b. Planet of the Apes
c. Roots
d. Gone with the Wind
e. Snow White and the Seven Dwarfs
f. The Hunchback of Notre Dame
g. Jaws
h. The Yellow Submarine
i. Small Change
j. The Grapes of Wrath
k. Writing for Godot
l. All's Well That Ends Well

E. Vous êtes l'auteur!

Alone or with other students, imagine that you are going to write a best-seller. The questions below will help you plan your novel.

1. Quel est le titre de votre roman?
2. Quels sont les personnages principaux du roman?
3. Où se passe l'action?
4. Comment commence l'histoire?
5. Quand cette histoire se passe-t-elle?
6. Comment finit l'histoire?

chapitre trois

Jeunes : Venez travailler dans les mines de Messeix !

Ils sont jeunes, ils ont les cheveux° longs et ils sont mineurs dans une mine de charbon.° Leur aventure a pour origine une simple annonce publicitaire : « Faites un bon métier,° un métier d'homme ! Devenez mineur dans les mines de Messeix ! »

5 La mine de Messeix a une réserve d'un million de tonnes, mais la production diminue depuis vingt ans. Le gaz et le pétrole remplacent peu à peu le charbon. Et puis, il y a la crise de l'énergie ; le charbon redevient° important. On décide d'intensifier la production et de recruter du personnel, du personnel jeune si possible. Ce
10 n'est pas toujours possible parce que les jeunes, en général, n'aiment pas beaucoup cette sorte de travail.

hair
coal
get a good job
becomes again

Et voici le miracle. Trente jeunes gens de la région décident de devenir mineurs. C'est la première fois qu'ils descendent dans une mine. Les vieux mineurs les regardent avec un mélange° d'amusement et d'ironie. Ils savent que le travail dans une mine est dur et fatigant. Huit heures de travail par jour, avec seulement une pause de vingt-cinq minutes pour manger, « c'est un vrai travail d'homme ! »

mixture

Mais ces jeunes gens n'ont pas peur de travailler dur et ils aiment le travail en équipe.° « Ici ce n'est pas comme à l'usine,° explique Claude; on travaille en équipe avec les copains ;° on n'est pas au service d'une machine toute la journée. »

teamwork / factory
pals

Claude travaille maintenant à 475 mètres sous terre avec ses deux inséparables copains, Yves, dix-neuf ans, et Michel, vingt-six ans. « C'est formidable, dit Yves, on travaille tous ensemble et on partage° le même appartement. Michel fait la cuisine, Claude la vaisselle° et moi le ménage. »°

share
dishes / housework

« Nous sommes satisfaits, dit Michel, parce que nous avons devant nous dix bonnes années de travail assuré. C'est important à notre époque. »

Extrait et adapté d'un article de Paris Match *par Vic Vance*

UNE MINE DE CARMAUX-TORU

Notes Culturelles

Although coal is still an important source of energy in France, oil (mostly imported), natural gas, and hydro-electricity supply a large part of France's energy needs. France has also become a leader in the development of nuclear energy as an alternative source of fuel.

Compréhension du texte

Complete the following sentences about the reading selection.

1. Il y a de plus en plus de jeunes qui travaillent dans . . .
2. Depuis vingt ans, le charbon est remplacé par . . .
3. Maintenant les mines de charbon redeviennent importantes à cause de . . .
4. Les vieux mineurs regardent les jeunes avec amusement et . . .
5. Tout le monde sait que le travail dans une mine est . . .
6. Les heures de travail sont longues et les mineurs de Messeix font seulement une pause de . . .
7. Claude travaille avec Yves et Michel, ses deux bons . . .
8. Ils travaillent tous les trois ensemble et vivent dans le même . . .
9. Les trois amis partagent équitablement les responsabilités, mais c'est Michel qui fait . . .
10. Les trois jeunes mineurs sont satisfaits de leur situation parce qu'ils ont . . .

Aide-Communication

When talking about work to be done around the house, expressions with *faire* are commonly used:

faire la cuisine	to do the cooking
faire le ménage	to do housework

faire son lit	to make one's bed
faire sa chambre	to clean one's room
faire la vaisselle	to do the dishes
faire le marché	to do the shopping
faire une liste	to make a list
faire la lessive	to do the laundry

Complete the following sentences, using an expression with **faire**.

1. Manger c'est bien agréable, mais après il faut . . .
2. Tout le monde aime manger, mais certaines personnes n'aiment pas . . .
3. Tous les matins, il faut . . .
4. N'oublie pas d'acheter du détergent parce qu'aujourd'hui on va . . .
5. Avant d'aller au supermarché, il est préférable de . . .
6. Si tu veux inviter des amis, il faut . . .

A. Choix d'un(e) camarade de chambre

At some point in your life you may want to share a room or an apartment with someone. You will have to cooperate in many ways. By combining elements from each column indicate what you do and don't like to do. If you wish, discuss with someone else whether you would be compatible as roommates.

J'aime
Je n'aime pas
En cas de nécessité, j'accepte de
Je refuse absolument de

faire la cuisine.
faire le ménage.
faire la vaisselle.
faire le marché.
faire mon lit.
travailler toute la nuit.
manger à des heures régulières.
préparer le petit déjeuner.
étudier tous les soirs.
écouter la radio.
regarder la télévision.
écouter des disques de musique classique.
écouter des disques de rock.
lire.
sortir le soir.
parler au téléphone.
parler de mes problèmes.
?

B. Les petits jobs

Rank the following jobs in the order in which they appeal to you (1 = the most appealing). If you wish, add other job possibilities and include them in your ranking. Discuss your preferences with other students.

EXEMPLE: *Mon premier choix est de travailler dans un restaurant. Mon deuxième choix est . . .*

_______ travailler dans une station-service
_______ travailler dans une bibliothèque
_______ faire du "babysitting"
_______ jouer dans un orchestre de rock
_______ travailler dans un supermarché
_______ distribuer des journaux
_______ travailler dans un hôpital
_______ être secrétaire
_______ faire le ménage chez les gens
_______ travailler dans un parc municipal
_______ ?

C. Le secret du succès

Different professions and occupations require different personal qualities. By combining elements from the columns below, create sentences that indicate what qualities are needed or not needed for various jobs.

			bien informé.
			sérieux.
			conscientieux.
	psychiatre		patient.
	dentiste		méticuleux.
	pilote		logique.
	mineur		sportif.
	secrétaire		énergique.
	administrateur		persévérant.
	journaliste	il faut être	ambitieux.
	docteur		curieux.
Pour être un bon	chauffeur de taxi	il n'est	persuasif.
	politicien	pas nécessaire	égoïste.
	agent de police	d'être	bien organisé.
	garagiste		agressif.
	soldat		prudent.
	joueur de football		économe.
	professeur		autoritaire.
	étudiant		courageux.
	?		diplomate.
			ponctuel.
			discret.
			?

D. Quel est mon métier?

With a group of students play the game "What's my line?" One student selects a profession or occupation; the others ask this student yes-no questions in an effort to guess the profession. The game can be played with a limit to the number of questions asked or with a time limit. The person who guesses correctly is given the opportunity to choose the next profession.

EXEMPLE: *Est-ce que vous travaillez dans un bureau?*

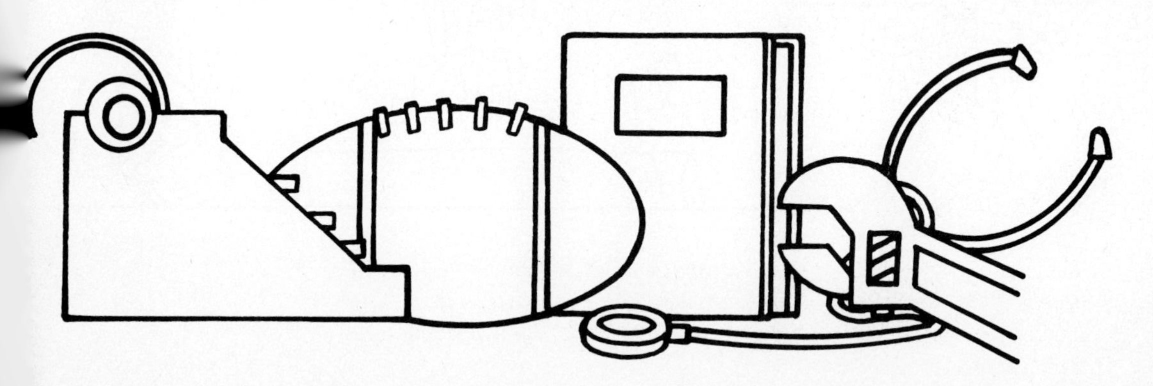

E. Notre appartement

Describe where you live or describe how you might furnish a new apartment. You may use the floor plan of this French apartment as a guide.

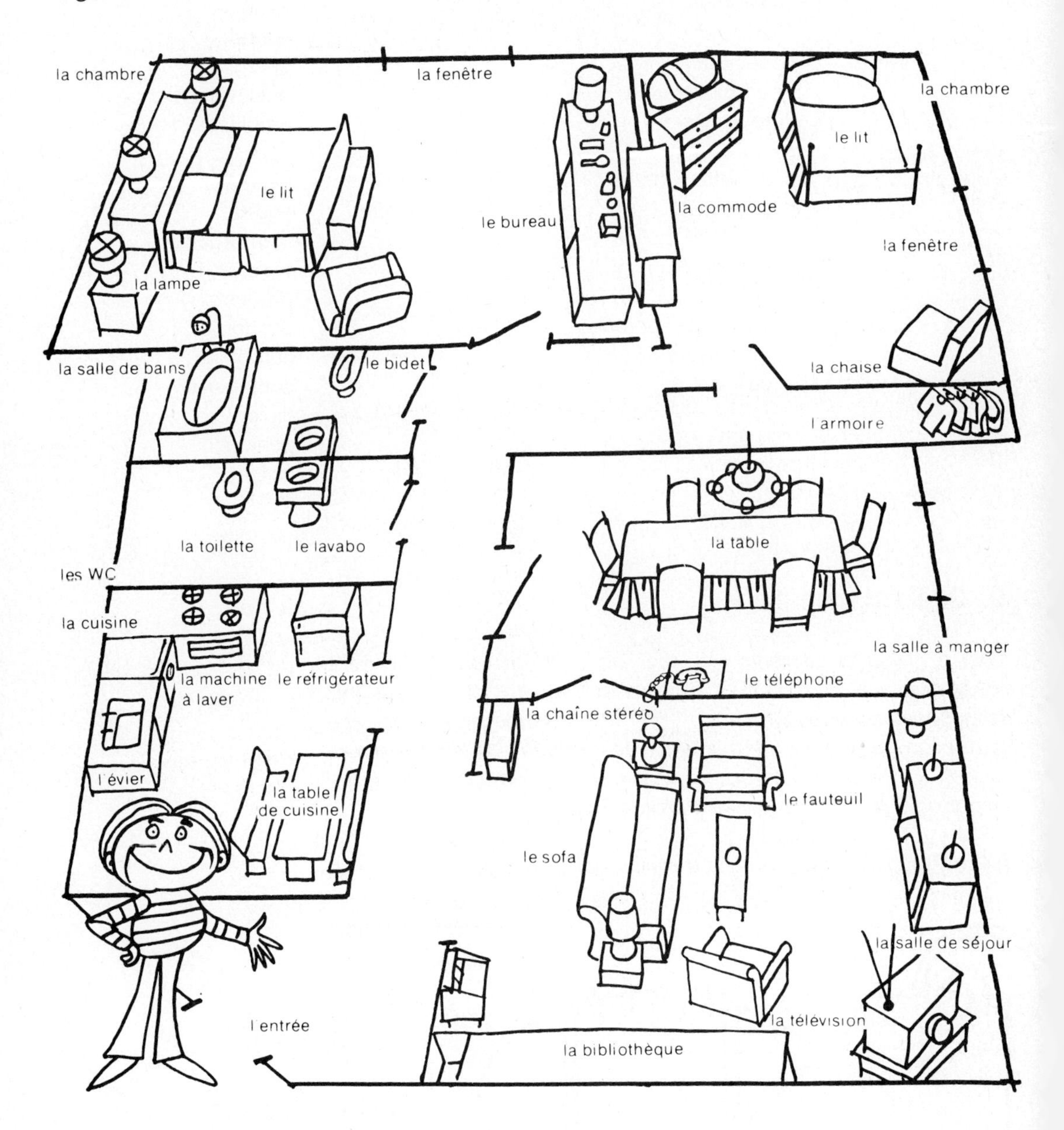

Chapitre quatre

Initiation à la spéléologie

Une brochure affirme: « Vous êtes tous capables de passer cinq heures sous terre. » Alors je vais essayer!

Notre guide est Aimé Mallet. Il a 33 ans. Il est fou° de spéléologie. Il organise des promenades au centre de la terre dans les grottes° de Trabuc, entre Saint-Hippolyte-du-Fort et Anduze, dans le Gard. Aimé Mallet ne veut pas faire de la spéléologie pour des masses de touristes. Il veut seulement ouvrir la porte de la spéléologie aux gens qui s'intéressent vraiment à ce sport.

Nous sommes dix-huit explorateurs de 12 à 69 ans. Nous sommes équipés comme des professionnels. Nous plaisantons.° « Tu ressembles à un mineur! » dit Albert à sa femme. Nous descendons une paroi° verticale de dix-sept mètres, la hauteur d'une maison de quatre étages!° Nous traversons° des ponts° naturels; nous rampons° dans des tunnels. Nous ressemblons à des vers de terre.° Pour Manu, le plus jeune de l'équipe, c'est facile: il a seulement 12 ans, il est petit et agile. Mais pour nous, c'est plus difficile.

Nous rampons dans un tunnel très étroit° de quatre mètres de long. Tout le monde est fatigué. Déserter? C'est trop tard. Nous commençons à perdre le sens du temps et de l'espace. Nous progressons l'un après l'autre. La lampe du camarade qui précède est notre seul° guide. Nous marchons depuis sept heures et nous sommes seulement à un kilomètre du point de départ! Finalement, nous arrivons au lac de Minuit. Nos lampes illuminent l'eau du lac. Quelle splendeur!

Nous passons tout l'après-midi sous terre. Quand nous sortons de la grotte, des touristes prennent notre photo et nous regardent avec respect et admiration!

Extrait et adapté d'un article de l'Express *par Jacques Pothérat*

fou: *crazy*
grottes: *caves*
plaisantons: *joke*
paroi: *wall*
étages / traversons / ponts: *stories / cross / bridges*
rampons / vers de terre: *crawl / worms*
étroit: *narrow*
seul: *only*

Notes Culturelles

Caving is much more popular in France than in the United States and is considered both a sport and a scientific activity. There are, for example, 350 spelunking clubs, which have a total membership of more than 6000. Those interested in caving can subscribe to the magazine *Spelunka,* participate in courses offered by the *École française de spéléologie,* or become members of *spéléo-secours* teams (cave rescue squads).

Compréhension du texte

Answer the following questions about the reading selection.

1. Comment l'auteur va-t-il passer son après-midi?
2. Que savez-vous au sujet du guide qui organise ces « promenades »?
3. Combien de personnes participent à la promenade d'aujourd'hui?
4. Quel âge ont-ils?
5. Quelles sont les difficultés qu'ils rencontrent?
6. Pourquoi est-ce que c'est plus facile pour Manu que pour les autres?
7. Est-ce qu'on peut abandonner quand on est fatigué?
8. Combien de temps leur faut-il pour faire un kilomètre sous terre?
9. Quelle est leur destination?
10. Quelle surprise les attend quand ils sortent de la grotte?

Aide-Communication

When you want to compare and contrast ideas, things or people,

the following phrases are commonly used:
- **plus . . . que** = *more . . . than*
- **moins . . . que** = *less . . . than*
- **aussi . . . que** = *as . . . as*

EXEMPLES: *Manu est plus jeune que les autres.*
Ce tunnel est moins long que le premier.
Est-ce que la spéléologie est aussi populaire que l'alpinisme?

What is your opinion of the following items? Compare them, using the adjectives suggested.

EXEMPLE: La spéléologie / l'alpinisme ——→ dangereuse
La spéléologie est aussi dangereuse que l'alpinisme.

1. La spéléologie / l'alpinisme ——→ dangereuse
2. Le football / le base-ball ——→ violent
3. L'anglais / le français ——→ difficile
4. Les romans historiques / les romans de science-fiction ——→ intéressants
5. L'algèbre / la géométrie ——→ facile
6. Un travail intéressant / un bon salaire ——→ important
7. New York / San Francisco ——→ beau
8. Les filles / les garçons ——→ intelligentes

ACTIVITÉS

A. Avez-vous peur?

Imagine that you are exploring a cave and find yourself in the following situations. Use the scale below to tell how you feel.

Je n'ai pas peur — **J'ai peur** — **J'ai très peur** — **J'ai horriblement peur**

EXEMPLE: Vous êtes dans l'obscurité complète.
J'ai très peur quand je suis dans l'obscurité complète.

1. Vous descendez une paroi verticale de dix-sept mètres.
2. Vous traversez un pont naturel qui mesure seulement huit centimètres de large.
3. Vous rampez dans un tunnel très étroit.
4. Votre lampe ne marche pas et vous êtes dans l'obscurité complète.
5. Vous mettez la main sur un ver de terre.
6. Vous touchez quelque chose et vous ne savez pas ce que c'est.
7. Vous êtes dans un passage difficile; votre tête passe, mais le reste ne peut pas passer.
8. Vous arrivez dans une chambre souterraine et vous remarquez que votre guide n'est pas avec vous.

B. Êtes-vous un bon ou un mauvais guide?

A member of your expedition is at the Lac de minuit *and doesn't know how to get back to the cave entrance. Using the map and directions below, tell him how to get back to the entrance.*
Directions:

avance move forward
tourne à gauche turn to the left
va tout droit go straight ahead
fais attention be careful
continue continue on
tourne à droite turn to the right
arrête-toi stop
reviens en arrière go back

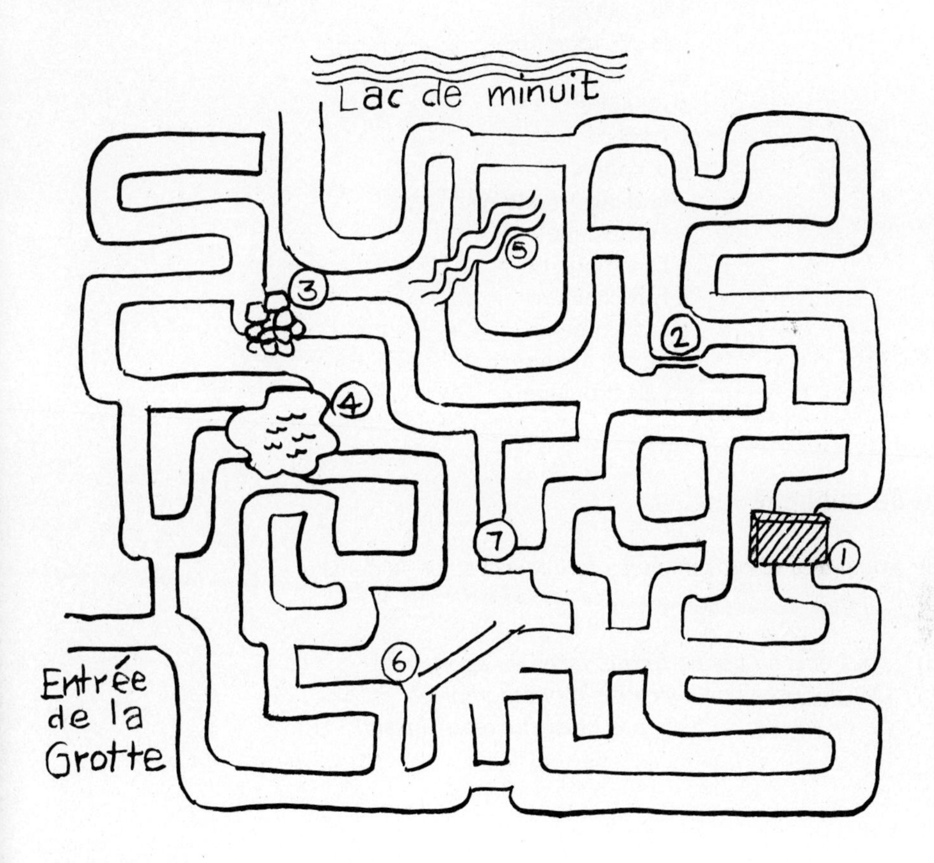

Les Obstacles:

1. une paroi verticale de 15 mètres
2. un tunnel trop étroit pour un adulte
3. un passage bloqué
4. un lac souterrain
5. une rivière souterraine
6. un pont naturel
7. vous pouvez peut-être passer mais il faut ramper

C. Un peu, beaucoup, ou pas du tout?

Find out how interested other students are in the following subjects or hobbies.

EXEMPLES: *Je m'intéresse beaucoup au théâtre.*
Je ne m'intéresse pas du tout à la spéléologie.

Est-ce que tu t'intéresses ...

à la spéléologie
à la nature
à l'écologie
à la politique
à la photographie
au cinéma
au théâtre
à l'opéra
aux sports
à la danse moderne
à la musique
à l'art moderne
à l'architecture
au folklore
à la mécanique
à l'électronique

D. Un peu de publicité

Create some slogans or short sentences to interest other students in your favorite hobby.

EXEMPLES: *Pour être en bonne forme, faites du sport!*
Développez-vous, faites de la photographie!
La bicyclette, ce n'est pas cher et c'est amusant!

chapitre cinq

Camping et campeurs

Chaque année il y a huit millions de gens qui font du camping pendant leurs vacances. Quelques campeurs nous donnent leurs opinions sur la vie dans ces villages temporaires.

« Je suis un nouveau converti, dit M. Pinet. Les hôtels sont de
5 plus en plus chers, et avec une famille et des enfants, ça devient difficile ... Alors, depuis deux ans, nous campons. Et moi, le camping, maintenant j'adore ça. C'est vraiment la vie, la détente° complète. »

M. Getty, représentant de commerce,° dit : « Moi, je passe mon
10 temps dans les hôtels et les restaurants pendant onze mois de l'année. Alors pour moi, les vacances, c'est l'évasion, c'est le camping. Dans la nature on peut s'habiller° comme on veut. Pendant les vacances, j'ai besoin de retrouver la simplicité et le calme. »

détente — *relaxation*
représentant de commerce — *traveling salesman*
s'habiller — *dress*

Pour M. Corvellec, qui est ingénieur, l'avantage du camping, c'est
15 que « dans un camping on vit comme dans un village : on va à la pêche,° on joue aux cartes, on joue à la pétanque,° on discute avec les amis. »

fishing / bowling game popular in the south of France

Mais pour sa femme, c'est différent. « Pour moi, dit-elle, les vacances sont aussi fatigantes que le reste de l'année. Il faut faire
20 la vaisselle,° faire la cuisine,° etc., etc. Heureusement, les enfants peuvent jouer tout seuls. On n'a pas besoin de s'occuper° d'eux. C'est un avantage. »

the dishes / the cooking
take care of

M. Darmoni, peintre en bâtiment,° est un autre fanatique du camping. Cette année le camping vient de lui apporter une autre
25 joie : la nomination de sa fille au titre de Miss Flots Bleus° à Monte Carlo !

house painter
Miss Blue Sea

Chacun° prend son plaisir là où il le trouve !

each person

Extrait et adapté d'un article de Paris Match *par Maggy Kosnar*

Notes Culturelles

Camping has always been a popular recreational activity in France. Many French families own their own *caravanes* and spend their summer vacation in one of the many campgrounds in France and its neighboring countries. During the months of July and August (the typical vacation months of most French families), campsites are difficult to find—especially in the South of France, which is popular for its sunny climate and beautiful beaches.

Compréhension du texte

Answer the following questions about the reading selection.

1. Est-ce qu'il y a beaucoup de campeurs en France ?
2. Est-ce qu'il y a longtemps que M. Pinet et sa famille font du camping ?
3. Quels sont, pour M. Pinet, les avantages du camping ?
4. Combien de semaines de vacances M. Getty a-t-il chaque année ?
5. Pourquoi est-ce que M. Getty préfère ne pas aller à l'hôtel pendant ses vacances ?
6. Qu'est-ce que M. Corvellec aime faire quand il est en vacances ?
7. Est-ce que la femme de M. Corvellec est aussi enthousiaste que lui pour le camping ?
8. Pourquoi les vacances sont-elles aussi fatigantes pour Mme Corvellec que le reste de l'année ?
9. Dans quelle région de France M. Darmoni passe-t-il ses vacances ?
10. Pourquoi est-il particulièrement content cette année ?

Aide-Communication

When talking about recreational activities, expressions with **faire** are commonly used.

faire une promenade	to take a walk
faire de la marche à pied	to walk, hike
faire du camping	to camp
faire de la natation	to swim
faire du cheval	to go horseback riding
faire du ski	to ski
faire du ski de fond	to go cross-country skiing
faire du ski nautique	to water-ski
faire du vélo	to go bicycle riding
faire de la moto	to go motorcycle riding
faire du patinage sur glace	to ice-skate
faire du patin à roulettes	to roller-skate
faire un pique-nique	to go on a picnic

Tell which of the activities above you do or don't do in your free time.

EXEMPLE: *Je fais souvent du vélo, mais je ne fais jamais de cheval.*

ACTIVITÉS

A. Aimez-vous faire du camping?

Create sentences by using an element from each column to explain how you feel about camping.

Je campe aussi souvent que possible J'aime camper Je n'aime pas camper Je campe rarement Je ne campe jamais	parce que	j'aime la solitude. ce n'est pas confortable. ça ne coûte pas cher. on est en liberté. il n'y a pas d'électricité. j'ai horreur des insectes. on peut aller à la pêche. il n'y a pas beaucoup de gens. on peut faire des promenades. c'est très monotone. j'aime la nature. mes amis font souvent du camping. c'est la détente complète. j'ai peur la nuit. on peut s'habiller comme on veut. il n'y a pas d'eau chaude. il fait froid la nuit. on retrouve le calme et la sérénité. c'est fatigant. ?

B. Questions / Interview

Are you an outdoors person? Answer the following questions or use them to interview another person.

1. Est-ce que vous aimez faire du camping ?
2. Quand vous avez des vacances, est-ce que vous préférez les passer dans une ville ou à la campagne ?
3. Est-ce que vous préférez habiter à la ville ou à la campagne ?
4. Est-ce que vous faites quelquefois des promenades en forêt ?
5. Est-ce que vous aimez observer les animaux sauvages en liberté ?
6. Est-ce que vous aimez collectionner des insectes ?
7. Est-ce que vous allez quelquefois à la pêche ?
8. Est-ce que vous aimez faire des pique-niques ?
9. ?

C. Décisions

What would you do in the following situations? You may choose one or more of the options provided or create one of your own.

1. Vous décidez de faire du camping. Où voulez-vous aller ?
   - **a.** À la montagne.
   - **b.** Près de l'océan ou près d'un lac.
   - **c.** Dans un camping qui offre beaucoup de distractions.
   - **d.** ?
2. Vous dormez tranquillement dans votre tente. Vous entendez un cri dans la nuit. Qu'est-ce que vous allez faire ?
   - **a.** Je reste aussi immobile que possible.
   - **b.** J'alerte tous les autres campeurs.
   - **c.** Je sors de ma tente pour voir d'où vient ce cri.
   - **d.** ?
3. Il pleut sans cesse depuis votre arrivée au camping. Vous avez encore trois jours de vacances. Qu'est-ce que vous faites ?
   - **a.** Je décide d'aller à l'hôtel.
   - **b.** Je rentre à la maison immédiatement.
   - **c.** J'attends patiemment le beau temps et je joue aux cartes.
   - **d.** ?
4. Vous arrivez au camping. Où est-ce que vous allez mettre votre tente?
   - **a.** Près des toilettes.
   - **b.** Loin des autres campeurs.
   - **c.** Au centre du camping où il y a beaucoup d'activité.
   - **d.** ?

5. Vous voyez un animal sauvage qui est en train de dévorer vos provisions. Qu'est-ce que vous faites ?
   a. Je prends vite une photo.
   b. Je prends une branche et je le chasse.
   c. Je suis prudent(e) et je garde mes distances.
   d. ?

6. Vous campez avec des ami(e)s. Chacun a ses responsabilités. Qu'allez-vous faire ?
   a. Je vais faire la cuisine.
   b. Je vais faire la vaisselle.
   c. Je vais planter la tente.
   d. ?

D. Les plaisirs du camping

Write captions that describe each of the photos on this page and the next.

EXEMPLE: *Le camping c'est agréable. On peut s'habiller comme on veut.*

chapitre six

Êtes-vous un médium ?

Nous possédons tous, à des degrés différents, des facultés surnaturelles ou paranormales. Ces pouvoirs° magiques sont trop souvent submergés par notre éducation rationaliste, mais ils existent à l'intérieur de chaque personne. Voici quelques expériences° qui vous permettent de tester vos talents secrets.

powers

experiments

La faculté de télépathie

Pour ce test il faut deux personnes : une personne qui transmet le message et une autre personne qui reçoit le message. Vous et votre partenaire êtes dans deux pièces° différentes ou même dans deux parties opposées de la même pièce. Votre partenaire choisit un objet. Puis il regarde fixement cet objet et dessine° mentalement ses formes. Pendant ce temps vous vous concentrez et essayez de dessiner l'objet. Si vous dessinez l'objet choisi par votre partenaire, vous avez probablement la « faculté de télépathie ».

rooms

draws

La clairvoyance dans le temps

Voici une expérience très facile à réaliser. Prenez un livre que vous ne connaissez pas. Ensuite, placez le livre dans une enveloppe fermée. Restez près de cette enveloppe pendant quelques minutes. Notez les images qui vous viennent à l'esprit° pendant ce temps. Lisez ensuite le livre. Si ces images correspondent à l'action du livre, vous possédez peut-être la faculté de « clairvoyance dans le temps ».

mind

La clairvoyance dans l'espace

Vous formez un groupe avec vos amis et vous choisissez un petit objet. Vous le touchez et vous l'observez attentivement. Puis vous le posez sur la table et vous quittez la pièce. Pendant votre absence vos amis cachent° l'objet. Vous revenez dans la pièce. Si vous êtes attiré° par l'objet caché et vous le trouvez presque immédiatement, c'est que vous possédez la faculté de « clairvoyance dans l'espace ».

hide
attracted

Les médiums

Prenez un livre assez volumineux avec des épisodes variés. Puis écrivez dix nombres entre 1 et 100 qui vous viennent à l'esprit. Fermez les yeux° et ouvrez le livre. Prenez sur la page ouverte le mot qui correspond à votre premier nombre. Par exemple, si le nombre est quinze, prenez le quinzième mot. Écrivez le mot. Ensuite

eyes

fermez les yeux encore une fois. Ouvrez le livre à une page différente et prenez le mot qui correspond à votre deuxième nombre. Utilisez le même système pour choisir vos dix mots. Si les mots forment un message, vous avez probablement des « talents de médium ».

Si ces expériences ne réussissent pas,° ne vous découragez pas ! Il y a encore une autre possibilité. Vos rêves° annoncent peut-être des événements° futurs. Tous les matins, notez vos rêves et observez s'ils correspondent à des événements réels. Si oui, vous avez probablement la « faculté de prémonition ».

are not successful
dreams
events

Extrait et adapté d'un article de Paris Match *par Vernier Palliez*

Notes Culturelles

Although relatively few French people actually consult a fortune teller, many French people read their daily, weekly, or monthly horoscopes. The following horoscope is typical of those found in many French magazines and newspapers.

Horoscope

DU 9 AU 22 JUILLET

BELIER (21 mars - 20 avril). Quelle que soit votre manière de vivre vos vacances cette période devrait être très heureuse pour vous. Si vous êtes resté en France, la fête du 14 juillet vous permettra sans doute d'assister à une soirée ou un gala avec un ou plusieurs de vos chanteurs préférés.

TAUREAU (21 avril - 20 mai). Ces journées seront d'une belle animation. Leur plus grand mérite sera de vous faire faire des rencontres très intéressantes. Mais si vous êtes en villégiature avec vos parents, il faudra vous montrer compréhensif ; rentrez à l'heure convenue et rendez quelques services.

GEMEAUX (21 mai - 21 juin). Cela peut paraître paradoxal mais ce sont ceux d'entre vous qui sont actuellement au travail qui bénéficient des meilleures influences. Si vous avez pris un job, chez vous ou au loin, pour vous faire un peu d'argent de poche, vous y trouverez bien plus de plaisir que vous ne l'aviez imaginé.

CANCER (22 juin - 22 juillet). Vous penserez surtout aux flirts et les « p'tits bals » du 14 juillet faciliteront vos entreprises. Mais soyez raisonnable ; n'allez pas, en particulier, vous lancer dans des exploits physiques au-dessus de vos forces dans votre désir d'épater, d'attirer plus sûrement l'attention sur vous.

LION (23 juillet - 22 août). Cette période vous réserve des surprises, surtout dans sa première partie. Les projets de sortie et de divertissements que vous formerez seront presque toujours bousculés. Mais ce qui se présentera en remplacement sera plus attrayant dans la plupart des cas. Vous vous ferez des amis.

VIERGE (23 août - 22 septembre). Il y aura un contraste très net entre les cinq premiers jours — au cours desquels vous serez sans doute déçu par l'attitude de quelqu'un à qui vous vous étiez attaché — et la suite qui sera infiniment plus heureuse et chaleureuse sur le plan des relations avec les gens de tous âges.

BALANCE (23 septembre - 22 octobre). Ces journées devraient s'inscrire parmi les meilleures de tout votre été. Vous serez appelé à jouer un rôle important — et passionnant — dans tout ce qui s'organisera : les jeux sur la plage comme les excursions. Vous aurez aussi des soirées animées dans les discothèques.

SCORPION (23 octobre - 21 novembre). Vos rapports avec votre famille ne seront peut-être pas de la meilleure qualité. Vos parents n'approuveront pas toujours vos initiatives, vos programmes ni vos nouvelles fréquentations. Vous parviendrez pourtant à vos fins, pour l'essentiel, si vous faites montre de gentillesse.

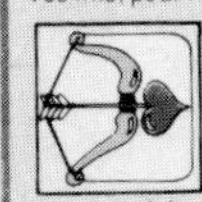

SAGITTAIRE (22 novembre - 20 décembre). Vous rêvez de voyages et d'expéditions. Mais n'oubliez pas que votre curiosité peut trouver à se satisfaire dans un rayon d'action limité ; il n'est pas indispensable, loin de là, de couvrir des milliers de kilomètres pour faire des découvertes.

CAPRICORNE (21 décembre - 19 janvier). Période mitigée. Vous serez parfois très satisfait de votre sort alors qu'à d'autres moments vous ressentirez un certain ennui. Tout cela parce que vous n'aurez guère la possibilité d'organiser les programmes à votre convenance.

VERSEAU (20 janvier - 18 février). Les très heureux aspects de la période précédente vous restent acquis. Mieux encore : ils se renforcent. Votre existence sera très animée et sportive, comme vous l'aimez, et votre entente avec les filles et garçons de votre bande sera toujours irréprochable.

POISSONS (19 février - 20 mars). Les rapports avec les autres connaîtront un regain d'importance. Vous aurez des succès amoureux qui vous enchanteront, même si les choses ne doivent pas aller bien loin. Si l'occasion vous est offerte de vous initier à un sport nouveau n'hésitez pas à la saisir.

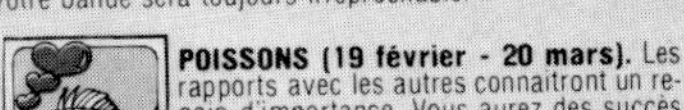

Compréhension du texte

Answer the following questions about the reading selection.

1. La faculté de télépathie permet . . .
   a. d'avoir une double personnalité.
   b. d'hypnotiser une autre personne.
   c. de communiquer mentalement avec une autre personne.

2. Pour savoir si vous avez la faculté de clairvoyance dans l'espace, vous pouvez . . .
   a. essayer de dessiner un objet qu'une autre personne dessine mentalement.
   b. analyser vos rêves.
   c. essayer de trouver un objet caché.

3. Pour savoir si vous avez des talents de médium, vous pouvez . . .
   a. noter les images qui vous viennent à l'esprit.
   b. regarder fixement un objet.
   c. voir si les mots que vous choisissez forment un message cohérent.

4. Si les rêves que vous faites annoncent fréquemment des événements futurs, c'est que . . .
   a. vous avez peut-être la faculté de prémonition.
   b. vous possédez la faculté de clairvoyance dans le temps.
   c. vous êtes un excellent psychologue.

5. Pour savoir si vous avez la faculté de clairvoyance dans le temps, vous pouvez . . .
   a. poser un livre sur la table et sortir de la pièce.
   b. noter les images qui vous viennent à l'esprit et vérifier si elles correspondent à l'action du livre.
   c. noter et analyser régulièrement les rêves que vous faites.

6. Le texte précédent . . .
   a. explique ce qu'il faut faire pour apprendre à hypnotiser les gens.
   b. suggère que nous possédons tous certains talents magiques.
   c. attaque violemment l'exploitation commerciale de la parapsychologie.

Aide-Communication

Different words are used in French and in English to talk about "people." Note the different uses of *personne(s), gens,* and *tout le monde.*

deux personnes = two people

EXEMPLE: *Pour ce test, il faut deux personnes.*

certaines personnes = certain people, some people

EXEMPLE: *Certaines personnes ont la faculté de télépathie.*

beaucoup de gens = many people

EXEMPLE: *Beaucoup de gens sont superstitieux.*

les gens = people

EXEMPLE: *Les gens ne cultivent pas assez leurs talents.*

tout le monde = everybody

EXEMPLE: *Tout le monde veut comprendre.*

What do you think about the following? Use an appropriate form of "people" in your sentences.

EXEMPLE: avoir de l'imagination
⟶ *Certaines personnes ont beaucoup d'imagination.*

1. avoir des facultés surnaturelles
2. lire l'horoscope
3. pouvoir hypnotiser une autre personne
4. pouvoir analyser les rêves
5. communiquer mentalement avec les autres
6. avoir la faculté de prémonition
7. être superstitieux
8. étre curieux
9. s'intéresser à la parapsychologie
10. avoir des talents de médium

ACTIVITÉS

A. Êtes-vous d'accord?

Do you agree with the following statements? If not, reword the sentence to express your opinion.

1. Tout le monde possède des facultés surnaturelles ou paranormales.
2. Les rêves peuvent annoncer le futur ou expliquer le passé.
3. Les personnes qui prétendent posséder des talents surnaturels sont des charlatans.
4. Tous les événements surnaturels ont une explication logique.
5. Tout le monde passe par une série de réincarnations successives.
6. La parapsychologie va devenir une science aussi importante que les sciences physiques.
7. Tout le monde peut être hypnotisé.
8. Nos facultés surnaturelles sont aussi importantes que nos autres facultés.
9. Les fantômes existent vraiment.
10. Beaucoup de gens ont peur des choses qu'ils ne comprennent pas.

B. Échos du passé

Mediums often hear voices from the past. Which famous French people might have said the following?

1. « C'est moi le plus grand monarque de tous les temps. La splendeur de mon palais de Versailles reflète la gloire de mon règne. »
2. « Les victoires militaires, les intrigues politiques, le titre d'empereur, la gloire, mon mariage avec Joséphine, puis avec Marie-Thérèse, l'Europe entière sous ma domination . . . Et puis, le déclin, les défaites, l'exil, Waterloo, Sainte-Hélène . . . Quelle vie ! »
3. « Ma vocation, c'est la recherche scientifique. C'est toute ma vie. Mon mari et moi, nous sommes pauvres et nous travaillons du matin au soir dans notre laboratoire. Notre vie est difficile mais je sais qu'un jour, je vais découvrir le radium. »
4. « Je viens de Domrémy, un petit village de Lorraine. Je suis une pauvre fille toute simple, mais Dieu est avec moi. C'est Lui qui veut que je défende la France contre les Anglais. C'est pour obéir à ses ordres que je vais prendre la direction d'une armée et combattre l'ennemi. »
5. « La France est occupée par les Allemands. Accepter cette situation et collaborer avec les Allemands ? Jamais ! Il faut organiser la résistance immédiatement. Je vais passer en Angleterre pour regrouper les forces françaises et préparer la libération de notre territoire national. Vive la France libre ! »

RÉPONSES :

1. Louis XIV 2. Napoléon 3. Madame Curie 4. Jeanne d'Arc 5. le Général de Gaulle

C. Qui est-ce?

You may also want to create some imaginary messages from famous French or American personalities and see if other students can guess their identities.

D. Allô . . .

1. *If you could communicate with some people from the past, with whom would you want to speak and why? Combine elements from each column to create sentences that express your preferences.*

Je veux parler avec	Camus Martin Luther King Jules César Jeanne d'Arc Lincoln Napoléon Pasteur Socrate Cléopâtre Beethoven John Kennedy Léonard de Vinci ?	parce que	je veux connaître ses secrets. j'ai une très grande admiration pour lui (elle). j'ai beaucoup de respect pour lui (elle). c'est un personnage mystérieux. l'histoire de sa vie est intéressante. je m'intéresse à la vie de cette époque. nous avons besoin d'une personne comme lui (elle) aujourd'hui. j'admire beaucoup son talent (son courage, ses idées politiques, son intelligence, son patriotisme). c'est une de mes idoles. sa personnalité est fascinante. ?

2. *Are there people living today whom you admire? Why? Create sentences that express your feelings.*

EXEMPLE : *J'admire Ralph Nader parce qu'il défend les intérêts des consommateurs.*

E. Voyage au XXIe siècle

Futurologists predict that life in the 21st century will be very different from what it is today. Using a 1 to 4 scale, indicate whether you consider the following predictions to be within the realm of possibility.

1 = C'est impossible.
2 = C'est peu probable.
3 = C'est probable.
4 = C'est certain.

_______ **1.** Les hommes vont habiter sur d'autres planètes.
_______ **2.** Les voyages interplanétaires vont être aussi communs que les voyages intercontinentaux.
_______ **3.** On va éliminer la guerre et la famine.
_______ **4.** On va travailler seulement trois jours par semaine et avoir quatre jours de liberté.
_______ **5.** On va construire des villes sous les océans.
_______ **6.** Tout le monde va être immunisé contre toutes les maladies possibles.
_______ **7.** Le voyage de Paris à New York va prendre une heure.
_______ **8.** On va avoir la possibilité de contrôler le climat.
_______ **9.** On va pouvoir voyager d'une ville à une autre par un simple processus mental.
_______ **10.** On va inventer une machine qui va permettre d'explorer le passé et le futur.
_______ **11.** On va inventer une machine ou une drogue qui va permettre d'apprendre une langue en quelques secondes et sans effort.
_______ **12.** On va trouver un remède définitif contre le cancer.
_______ **13.** La civilisation humaine va disparaître et ce sont les insectes qui vont contrôler notre planète.
_______ **14.** ?

chapitre sept

Un Collège qui n'est pas comme les autres

Il est sept heures du soir sur le campus du collège Lester B. Pearson, à Victoria, en Colombie Britannique. Les étudiants vont à la cafétéria pour dîner. Ils parlent de leurs cours de mathématiques ou d'anthropologie. Ils parlent du temps, des problèmes du monde, et surtout de leurs cours sur la paix.° Après le dîner, ils écoutent des disques, regardent la télé et continuent leurs discussions. Et pourtant, le collège Lester B. Pearson n'est pas un collège comme les autres.

paix: peace

Un jour, M. Lester Pearson, premier ministre du Canada, prix Nobel de la paix en 1957, a l'idée de fonder° un collège international, parce qu'il pense que les gens ont besoin d'apprendre à vivre° ensemble.° Il pense aussi qu'une plus grande compréhension des nations, des cultures et des groupes éthniques est indispensable. M. Pearson persuade les Canadiens et, au mois de septembre 1974, le collège ouvre° ses portes.

fonder: found; vivre: live; ensemble: together; ouvre: opens

Le collège Lester Pearson ressemble à un village international. Les deux cents étudiants du collège viennent de cinquante pays différents. Dans chaque pays, il y a un comité qui choisit les étudiants. Tous les étudiants ont une bourse° du Canada ou de leur pays d'origine. Ils restent au collège pendant deux ans. Les cours sont en français ou en anglais. Pendant ces deux années, les étudiants préparent le baccalauréat international qu'on considère aujourd'hui comme un des meilleurs° examens.

bourse: scholarship; meilleurs: best

Les étudiants peuvent suivre° une grande variété de cours. Ils ont beaucoup de liberté dans le choix des cours, mais les cours sur la paix sont obligatoires. Ces cours, où on examine les problèmes du monde, aident les étudiants à établir des liens° avec les jeunes qui sont de nationalité, de religion ou de race différentes.

suivre: take; liens: ties

On pense qu'un jour ces jeunes vont avoir beaucoup d'influence
30 sur la paix dans le monde. Leurs commentaires sont encourageants:

« Ici, nous avons l'occasion de connaître des jeunes de différents pays, de comprendre leur point de vue et de travailler ensemble. »

« Les profs et les étudiants ont un très bon rapport. On travaille bien ensemble. »

35 « Ce collège est la preuve° qu'on peut vivre en paix avec les autres. » — proof

« Ici, j'apprends à apprécier les différences. Mais je découvre° que derrière ces différences, nous avons beaucoup de points communs. » — discover

Extrait et adapté de Hebdo Canada

Notes Culturelles

Students at Lester B. Pearson College must take at least one regular course in French and can write their examinations in either French or English. Students in the public schools and universities of French-speaking Québec do not have this option, because French is the language of instruction. This causes no problems for students from French-speaking families, but the children of English-speaking families and the children of immigrants often need special language instruction. (There are more than 25,000 people who come to Québec each year from such countries as Vietnam, Cambodia, Haiti and Cuba.) The schools, therefore, provide special language courses for these people.

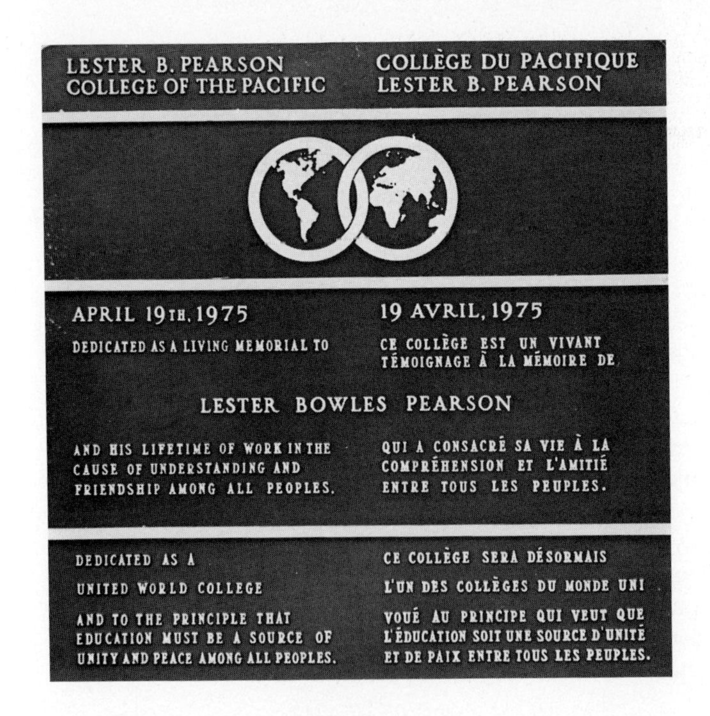

Compréhension du texte

Answer the following questions about the reading selection.

1. Où est le collège Lester B. Pearson?
2. Depuis quand ce collège existe-t-il?
3. Quelle est la fonction de ce collège?
4. Quelles langues parle-t-on dans ce collège?
5. Combien d'étudiants y a-t-il dans ce collège?
6. D'où viennent-ils?
7. Comment paient-ils leurs études?
8. Quel examen préparent-ils?
9. Quelle est la réputation de cet examen?
10. Quels cours les étudiants peuvent-ils suivre?
11. Pourquoi les cours sur la paix sont-ils obligatoires?
12. Qu'est-ce que les étudiants pensent de ce collège?

Aide-Communication

When talking about school life, the following expressions are useful:

aller à l'école	to go to school
suivre un cours	to take a course
s'inscrire	to register
les frais d'inscription	registration fees
un cours obligatoire	a required course
un cours facultatif	an elective course
une unité de valeur	a credit-hour
passer un examen	to take an exam
réussir à un examen	to pass an exam
avoir la moyenne	to have a passing grade (average grade)
recevoir son diplôme	to graduate
un trimestre	a quarter
une note	a grade
avoir une bourse	to have a scholarship

Answer the following questions or use them to interview another student.

1. Quels cours est-ce que vous suivez maintenant?
2. Est-ce que ces cours sont obligatoires ou facultatifs?
3. Quels sont les cours que vous êtes obligé(e) de suivre?
4. À quels cours est-ce que vous allez vous inscrire le trimestre prochain?
5. Combien d'unités de valeur est-ce qu'il faut pour recevoir son diplôme?
6. Est-ce que les professeurs donnent beaucoup d'examens?
7. Est-ce que vous réussissez toujours à vos examens?
8. Quelle note est-ce qu'il faut avoir pour réussir à un examen?
9. Est-ce que vous avez la moyenne dans tous vos cours?
10. Est-ce que vous avez une bourse?
11. Quand est-ce que vous allez recevoir votre diplôme?

A. Opinions

What is your opinion of the folllowing school issues? For each one, indicate what you think should be done or should not be done.

EXEMPLE: La discipline: Être plus ou moins sévère?
——→ *Il faut être plus sévère.*

—Les sports:	Avoir plus ou moins de sports au programme?
—Les langues:	Encourager ou ne pas encourager l'étude des langues étrangères?
—Les sciences:	Donner plus d'importance ou moins d'importance aux sciences?
—Les repas:	Laisser les étudiants rentrer à la maison ou les obliger à manger à la cafétéria?
—Le choix des cours:	Laisser les étudiants libres de choisir leurs cours ou les obliger à suivre certains cours?
—Les devoirs:	Donner ou ne pas donner des devoirs à faire à la maison?
—Les heures de classe:	Avoir classe seulement le matin ou toute la journée?
—Le gouvernement de l'école:	Inviter ou non les étudiants à participer au gouvernement de l'école?

B. Des cours pas comme les autres

Tell whether or not you would like to take the following courses that are being offered in the evening. Feel free to propose other subjects that you would prefer and that you know how to say in French.

EXEMPLE: *Je voudrais suivre un cours de céramique.*

C. Préparez votre emploi du temps

Imagine that you are planning a schedule for a new semester. Which courses would you choose from among those listed below for each class hour? On a separate sheet of paper, create your schedule for the week. Tell another student what you are taking.

	lundi	mardi	mercredi	jeudi	vendredi

Anglais, Français — 8–9 h lun mar mer jeu ven
Algèbre — 8–9 h lun mar mer jeu ven
Allemand, Chimie — 9–10 h lun mar mer jeu ven
Espagnol, Italien, Géométrie — 10–11 h lun mar mer jeu ven
Biologie — 11–12 h lun mar mer jeu ven

Sociologie — 9–10 h lun mer ven
Anthropologie — 10–11 h lun mer ven
Histoire — 12–1 h lun mer ven
Dessin — 4–5 h lun mer ven
Trigonométrie, Philosophie, Japonais — 10–12 h mar jeu
Sciences marines — 1–3 h mar jeu
Chinois — 3–5 h mar jeu
Musique — 3–4 h mar jeu

D. Jeu de mots

Complete the following word game, using vocabulary related to school.

1	E						
2		E					
3			E				
4				E			
5					E		
6						E	
7							E

1. Tests.
2. Travail de classe à faire à la maison.
3. Modèle utilisé pour illustrer une explication.
4. Biologie, chimie, physique, etc.
5. École où on va quand on finit ses études secondaires aux Etats Unis.
6. Sommes d'argent données par le gouvernement pour aider les étudiants à payer leurs études.
7. Cours de mathématiques.

chapitre huit

Faites place à l'ordinateur!

Imaginez le nombre d'heures que chaque étudiant passe au cours de° sa vie scolaire à faire des calculs : additions, soustractions, multiplications, problèmes d'algèbre, de géométrie, de trigonométrie, etc. La liste est longue. Cela représente des milliers° d'heures de travail. Eh bien, tous ces calculs, l'ordinateur peut les exécuter en quelques minutes. Cette merveilleuse machine peut donner des complexes d'infériorité même aux plus grands mathématiciens. Grâce à° sa fantastique mémoire, à sa rapidité d'action, à sa versatilité, l'ordinateur offre une quantité infinie de possibilités et il est en train de révolutionner notre vie de tous les jours. Voici quelques-unes de ses applications.

de°: pendant
milliers°: *thousands*
Grâce à°: *thanks to*

L'étudiant peut maintenant rester à la maison. Il a un terminal à sa disposition qui lui permet de suivre les cours° chez lui. Il voit les démonstrations et entend les explications du professeur sur son
15 écran.° Il peut poser toutes les questions qu'il veut.

take courses

screen

La ménagère,° elle aussi, possède son terminal. Elle est informée du prix des produits qu'elle désire acheter. Elle peut acheter ses provisions à distance et au meilleur prix.

housewife

Le médecin donne à son terminal toutes les informations né-
20 cessaires sur le malade. L'ordinateur établit le diagnostic et indique le meilleur traitement.

L'automobiliste peut choisir instantanément le meilleur itinéraire grâce à un mini-ordinateur installé dans son véhicule.

L'ordinateur familial imprime° le journal du matin sur simple demande. *prints*

25 Pour trouver le partenaire idéal, il suffit de donner à l'ordinateur une description complète de soi-même° et de la personne qu'on cherche. L'ordinateur fait le reste. Il peut même établir le contrat de mariage et trouver un appartement pour le jeune couple. *oneself*

En Europe, 250 millions de personnes vont bientôt° pouvoir *soon*
30 regarder les mêmes programmes de télévision. Un simple bouton° va permettre de choisir la langue qu'on veut écouter. *button*

Pourtant,° cette fabuleuse machine n'est pas parfaite. En réalité, elle est bête.° Elle ne sait pas penser. Elle n'a pas d'imagination. Elle fait seulement ce qu'on lui demande. *however* *stupide*

Extrait et adapté d'un article de l'Express *par Marc Ullmann*

Notes Culturelles

The ads below, taken from a popular French newspaper, reflect the growing job market for people with training and expertise in computer programming.

SOCIETE INDUSTRIELLE
DRANCY
recherche
programmeur

Expérience COBOL - ANS
Connaissant 64 - DPS si possible.

- Restaurant d'entreprise ;
- Mutuelle ;
- Avantages sociaux.

Téléphoner pour R.V. au :
830.11.12 Poste 1233

Publicités Rennes

GRANDE ENTREPRISE DE LA METALLURGIE
Filiale du leader mondial dans le domaine
des équipements agricoles - génie civil - camions
recherche pour
son CENTRE INFORMATIQUE EUROPEEN
situé Banlieue Sud 30 kms de Paris

Horaire 3 X 8

Matériel IBM 370 / 158 - 370 / 148
Connaissances DOS - POWER / VS - CICS

UN PUPITREUR CONFIRME
Expérience 2 ans

UN OPERATEUR SUR ORDINATEUR
Expérience 1 an environ

Ecrire Monsieur A. de MIERRY
1, Avenue Mc Cormick 91130 RIS ORANGIS.

9 INFORMATIQUE

ORDI-OUEST S.A.
(S.S.C.I.) recherche
ANALYSTE-PROGRAMMEUR
1 à 3 ans d'expérience.
Se présenter à partir de 10 h
187, av. Maréchal-Foch
78 CONFLANS-STE-HONORINE

BANQUE PARIS rech.
OPERATEURS(ICES) SUR IBM 34
CONFIRMES(EES)
Se prés. KELLER FRANCE
102, av. Champs-Elysées
Paris 8e - 562.81.06

ETAB. FINANCIER RECH.
OPERATRICE DE SAISIE
EXPERIMENTEE SUR TERMINAL
ECRAN AU PALAIS ROYAL
296.09.23

EUROPE INTERIM
rech. urgent UN
PUPITREUR 4331
DOS/VSE POWER
Se pr. 8,r.de Sèze-9e
ou tél. 261.50.41

GROUPE H.B.I. rech.
PUPITREUR
OS - VS1 - MVS
pour embauche
Tél. 266.44.84

PUPITREURS
VM - CMS
possibilité d'évolution
Tél. pr r.-vs 887.85.12 +

S.S.C.I. 13e rech.
PERFO K 212
très expérimentée
Tél. : 589.99.36

service conseil informatique

Société en pleine expansion recherche

- **PUPITREURS**
- **OPERATEURS**

sur matériel **IBM** 370/168
et **HB** 64 D.P.S.
Expérience nécessaire.
Horaire : 3 x 8.
Lieu de travail : Suresnes et Argenteuil.
Envoyer C.V. en précisant
le salaire actuel sous référence LC/PO 01
à **S.C.I.**
14, rue Lincoln - 75008 PARIS

Compréhension du texte

The following scrambled sentences are a result of a computer malfunction. Unscramble them and tell if they are true or false based on the information in the reading selection.

1. Les étudiants/ de nombreuses/ à étudier/ passent/ les mathématiques/ heures
2. très compliqués/ L'ordinateur/ peut/ des calculs/ effectuer
3. seulement/ offre/ d'applications/ très limité/ L'ordinateur/ un nombre
4. la ménagère/ L'ordinateur/ à choisir/ peut/ son itinéraire/ aider
5. prépare/ L'ordinateur familial/ pour toute la famille/ le dîner
6. peut/ L'ordinateur/ établir/ de mariage/ un contrat/ même
7. grâce à/ L'automobiliste/ choisir/ son partenaire/ un mini-ordinateur/ peut
8. les hommes/ L'ordinateur/ tout ce que/ demandent/ lui/ fait

Aide-Communication

You can use the following expressions to agree or disagree with someone else or to refer to someone else's opinion.

À mon avis	In my opinion
Selon lui (elle, eux, les journaux, etc.)	According to him (her, them, the newspapers, etc.)
Je suis d'accord	I agree
Je ne suis pas d'accord	I disagree
On dit que . . .	People say that . . .
Il y a des gens qui pensent que . . .	There are people who think that . . .

Use the expressions above to indicate your feelings about the statements below.

EXEMPLE: Les ordinateurs sont trop difficiles à utiliser.
⟶ *Non, je ne suis pas d'accord. À mon avis, les ordinateurs sont très faciles à utiliser.*

1. Les ordinateurs vont remplacer beaucoup d'employés.
2. Il faut être fort en mathématiques pour utiliser un ordinateur.
3. L'ordinateur ne fait jamais de fautes.
4. L'ordinateur est plus intelligent que les êtres humains.
5. En l'an 2000, tout le monde va posséder un ordinateur.
6. L'ordinateur a toujours raison.
7. Dans quelques années, chaque étudiant va avoir un ordinateur pour faire les devoirs.
8. Les ordinateurs vont causer beaucoup de problèmes sociaux.

ACTIVITÉS

A. À votre avis . . .

Tell how you feel about computers by answering the questions below.

1. Est-ce que les ordinateurs ont toujours raison?
2. Est-ce que l'ordinateur est la plus belle invention de l'âge moderne?
3. Est-ce que l'ordinateur peut causer des problèmes dans la société? Si oui, quels problèmes?
4. Est-ce que la technologie joue un rôle trop important dans notre société?
5. Est-ce que la meilleure façon de trouver un partenaire idéal est de consulter un ordinateur?
6. Est-ce que les ordinateurs vont éliminer la nécessité de travailler?
7. Est-ce que l'utilisation des ordinateurs dans les écoles est une bonne chose? Pourquoi?
8. Quelles utilisations nouvelles de l'ordinateur pouvez-vous imaginer?

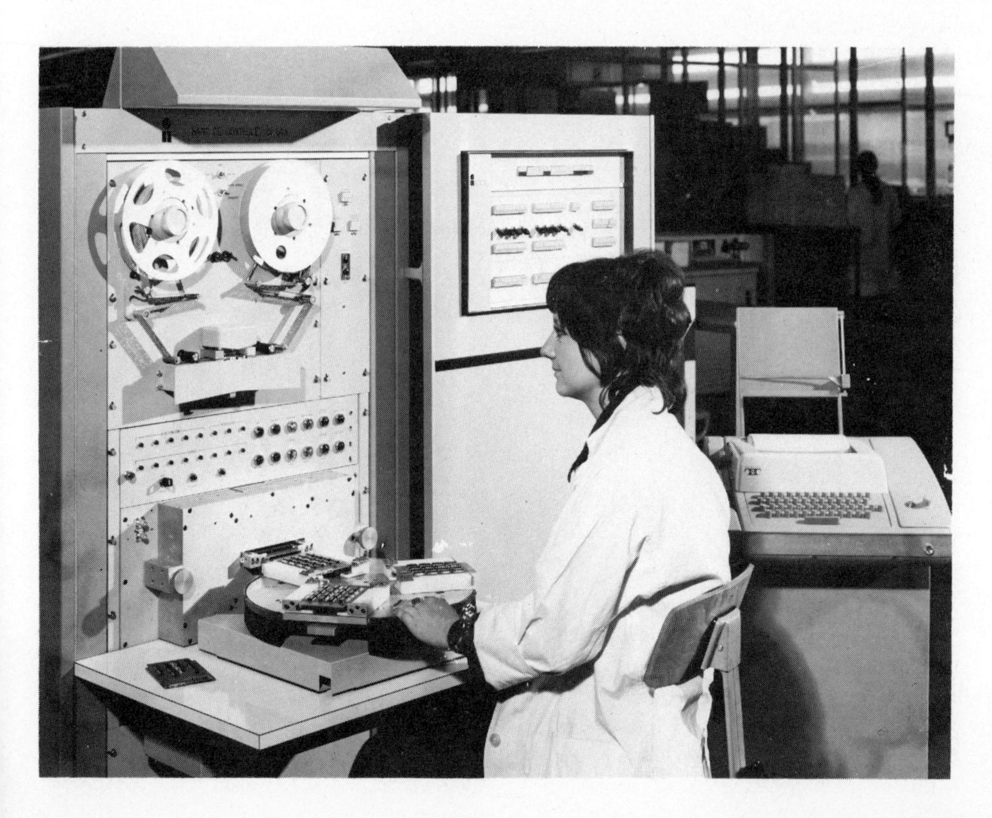

B. Mon profil

Computer dating services are becoming increasingly popular. One of the first things a client has to do is fill out a questionnaire. Complete the following form and use the results to determine whether your personality and interests are compatible with those of other students.

	C'est vrai.	Ce n'est pas vrai.	Ça dépend.
1. Je suis généralement optimiste.	( )	( )	( )
2. J'ai un tempérament tranquille.	( )	( )	( )
3. Je suis très sociable.	( )	( )	( )
4. Je préfère avoir seulement deux ou trois très bons amis.	( )	( )	( )
5. Je ne perds pas patience facilement.	( )	( )	( )
6. J'aime recevoir des amis chez moi.	( )	( )	( )
7. J'aime les enfants.	( )	( )	( )
8. Je préfère les livres à la télévision.	( )	( )	( )
9. J'aime les animaux domestiques.	( )	( )	( )
10. J'aime prendre des responsabilités.	( )	( )	( )
11. Dans un groupe, en général, c'est moi qui prends les décisions.	( )	( )	( )
12. J'aime voyager et connaître la vie et les coutumes des autres pays.	( )	( )	( )

	C'est vrai.	Ce n'est pas vrai.	Ça dépend.
13. Je n'aime pas travailler seul(e); je préfère travailler en groupe.	( )	( )	( )
14. Je m'intéresse beaucoup à la politique.	( )	( )	( )
15. Le rôle principal de la femme est de s'occuper de sa famille.	( )	( )	( )
16. Dans un mariage, c'est l'homme qui prend les décisions.	( )	( )	( )
17. En politique, je suis de tendance conservatrice.	( )	( )	( )
18. Les préférences religieuses de mes amis n'ont pas d'importance pour moi.	( )	( )	( )
19. Je préfère une vie simple et tranquille aux complexités de la vie moderne.	( )	( )	( )
20. L'argent n'a pas beaucoup d'importance pour moi.	( )	( )	( )
21. J'accorde beaucoup d'importance à la beauté physique.	( )	( )	( )
22. Je suis d'un tempérament affectueux.	( )	( )	( )
23. Pour être compatibles dans un mariage, il est important que deux personnes possèdent la même éducation.	( )	( )	( )
24. J'aime faire du sport.	( )	( )	( )

C. Problèmes de maths

1. *Devise a sequence of numbers that has a logical pattern to be completed. Read the numbers aloud in French to other students and see if they can find the next number in the series.*

EXEMPLES: *cinq, dix, quinze, . . . ?*
vingt, dix-huit, quinze, onze, . . . ?

2. *Create math problems for other students to solve.*

EXEMPLES: *Dix plus vingt font* ______ ?
Cinquante moins treize font ______ ?
Huit fois cinq font ______ ?
Cent cinquante divisé par cinq font ______ ?

3. *With a group of students choose a sequence of numbers that you want to practice (e.g., 1–20 or 80–100). Each student writes down these numerals. One student then reads aloud in random order all the numerals except one. The task of the other members of the group is to check off the numbers as they are read so as to identify the number that is missing.*

EXEMPLE: *Huit, quinze, dix-neuf, onze, etc.*

D. Combien de mots . . .

See how many French words you can make with the fourteen letters contained in the words **les ordinateurs**.

chapitre neuf

Sidi Bou-Saïd

Sidi Bou ... J'aime bien Sidi-Bou. La preuve,° c'est que j'habite à Sidi-Bou. Oui, l'hiver est un peu humide, mais c'est bien agréable° de pouvoir prendre un thé° au Café des Nattes. Et c'est agréable aussi de boire du thé le soir avec des amis ... Et puis, à Sidi-Bou, il y a la petite épicerie° et le bureau de tabac où il n'est pas toujours facile de trouver ce qu'on cherche. Et il y a aussi le Magasin Général ... et puis, il y a les habitants° de Sidi Bou-Saïd qui sont toujours contents et jamais pressés.° Bref,° on est bien tranquille chez nous.

proof / *pleasant* / *tea* / *grocery store* / *inhabitants* / *in a hurry/in short*

Et puis vient l'été ... Et là, c'est une autre histoire!° Les choses les plus simples de la vie deviennent compliquées. Manger est un problème parce que tout est plus cher. L'épicier double ses prix à cause des° touristes ... parce qu'il y a des touristes partout! Ecoutez-les: « Oh, la belle vue° du Golfe! » « Les cartes postales ne sont pas chères. » « Tu ne prends pas de photo, chéri ? »

story / *because of* / *view*

Les cars° de touristes arrivent l'un après l'autre. Et ces touristes ne nous parlent pas excepté pour nous demander quelque chose. Ils prennent notre place au café; ils visitent un peu la ville, puis partent rapidement parce qu'ils veulent visiter Carthage, Gammarth, La Marsa et la Médina le même jour.

buses

Mais il n'y a pas seulement les touristes des autres pays. Les Tunisiens aussi viennent ici de plus en plus ... et ils ne sont pas plus agréables que les touristes étrangers.° On peut pardonner aux étrangers qui ne comprennent pas notre style de vie, mais quand ce sont des Tunisiens, c'est difficile à comprendre. Ils sont ici pour passer leurs vacances et pour s'amuser,° c'est vrai, et je sais bien que c'est agréable de s'amuser toute la nuit. Mais ils oublient° que nous, nous ne sommes pas en vacances et que nous avons besoin de dormir.

foreign / *have fun* / *forget*

Extrait et adapté d'un article de Dialogue *par Ali Guellouz*

Notes Culturelles

The following photos show the many contrasts that are part of daily life in Tunisia.

Compréhension du texte

Answer the following questions about the reading selection.

1. Comment est la vie à Sidi Bou-Saïd en hiver?
2. Comment sont les habitants de cette ville?
3. Pourquoi est-ce que les choses sont plus chères en été?
4. Quels rapports les touristes ont-ils avec les habitants de Sidi Bou-Saïd?
5. Pourquoi les touristes ne restent-ils pas très longtemps à Sidi Bou-Saïd?
6. Est-ce qu'il y a une différence entre les touristes étrangers et les touristes tunisiens?
7. Quelle est la réaction des habitants de Sidi Bou-Saïd vis-à-vis des touristes?
8. Qu'est-ce que les touristes aiment faire le soir?
9. Pourquoi les habitants de Sidi Bou n'aiment-ils pas beaucoup cela?

Aide-Communication

When you want to explain something in French, you can use **parce que** (*because*) or **à cause de** (*because of*).

EXEMPLES: *J'aime Sidi-Bou* **parce que** *les habitants sont toujours contents.*
J'aime Sidi-Bou **à cause de** *ses habitants.*

What do you like about the following countries? You may have only a vague idea about some of them, but as you read the options in the right-hand column, you will probably find some ideas that reflect your feelings about these countries. If not, add your own reasons.

J'aime

mon pays
l'Italie
la France
le Zaïre
l'Allemagne
Tahiti
le Japon
le Mexique
l'Égypte
la Chine
le Canada
la Hollande
l'Angleterre
Israël
la Russie
le Kenya
la Martinique
la Suisse
la Norvège
le Brésil.
?

parce que

son climat est agréable.
ses habitants sont sympathiques.
ses habitants sont travailleurs.
ses restaurants sont excellents.
ses habitants sont bons vivants.
sa culture et ses traditions sont intéressantes.
ma famille vient de ce pays.
c'est un très beau pays.
c'est loin d'ici.
?

à cause de

sa cuisine.
son système de gouvernement.
ses traditions et coutumes.
ses attractions touristiques.
ses ressources naturelles.
sa beauté naturelle.
sa vie culturelle.
sa langue.
son caractère exotique.
ses villages pittoresques.
?

JE ♥ N.Y.

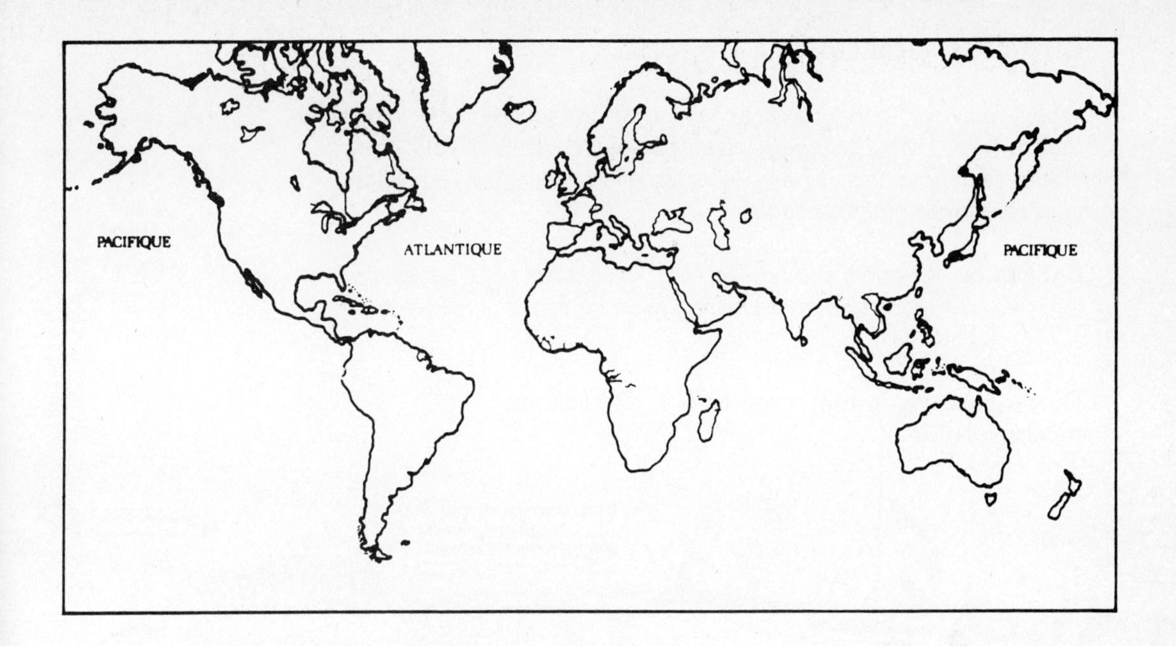

ACTIVITÉS

A. On a de la visite!

Some Tunisian students are coming to visit you. Using the items below, tell some of the things you are going to do.

On va . . .
On ne va pas . . .

visiter les musées.
aller à la plage.
aller au cinéma.
aller au théâtre.
visiter le jardin zoologique.
faire un pique-nique.
acheter des souvenirs.
prendre des photos.
aller à la campagne.
aller danser.
aller en ville.
aller dans un bon restaurant.
visiter mon école.
aller au concert.
faire une promenade.
?

B. Ah! les vacances . . .

When you hear the word **vacances**, *what are some of the things that come to mind? Using the visuals below (or ideas of your own), create sentences that express what vacation means to you. Share your ideas with other students.*

EXEMPLE: *Quand j'entends le mot « vacances », je pense immédiatement à un voyage en bateau, à la plage ou au soleil.*

Quand j'entends le mot « vacances », je pense immédiatement à . . .

C. Questions / Interview

If you are traveling in a French-speaking country, you might ask (or be asked) the questions below. Use them to interview someone in your class. (After the interview, you may want to introduce the other person to the rest of your class or to a small group of students.)

1. Quel est votre nom ?
2. Où est-ce que vous habitez ?
3. Est-ce que vous habitez dans une maison, dans un appartement ou dans une résidence universitaire ?
4. Depuis quand habitez-vous dans cette région ?
5. Quel âge avez-vous ?
6. Avez-vous des frères et des sœurs ?
7. Quel âge ont vos frères et vos sœurs ?
8. Est-ce que vous avez un travail ?
9. Est-ce que vous avez une auto, une moto ou une bicyclette ?
10. Où est-ce que vous passez vos vacances ?
11. Quels sports aimez-vous ?
12. Quels sont vos programmes de télévision favoris ?
13. Quels sont vos passe-temps favoris ?
14. Qu'est-ce que vous étudiez ?
15. Quels sont vos cours préférés ?
16. ?

D. Charades

French **charades** *are word puzzles that follow the pattern shown in the* **modèle**. *Try to guess the answers to the two charades given below and then create one of your own. Have members of the class guess the answer.*

MODÈLE:

Mon premier est un autobus qui va d'une ville à une autre	(car)
Mon deuxième est le pronom réfléchi de **tu**	(te)
Mon tout est ce que les touristes achètent pour envoyer à leurs amis	(cartes)

1. Mon premier est le mot américain pour « voiture »
   Mon deuxième est le pronom possessif de la deuxième personne du féminin singulier
   Mon troisième est la première personne du pronom sujet
   Mon tout est une ville très ancienne de Tunisie
2. Mon premier est la deuxième syllabe de *merci*
   Mon deuxième est la troisième personne singulier du verbe *dire*
   Mon troisième est ce qu'on dit en anglais pour faire peur
   Mon quatrième est le pronom possessif féminin pour la troisième personne du singulier
   Mon cinquième est la neuvième lettre de l'alphabet
   Mon sixième est une préposition qui marque la possession
   Mon tout est une ville touristique de Tunisie

chapitre dix

Les Français à table

Pour les Français, la seule vraie cuisine, c'est la cuisine française. Ils sont sûrs d'avoir la meilleure cuisine du monde et la tradition confirme cette opinion. Mais en réalité, comment les Français mangent-ils ? Dans quelle mesure le modernisme et les changements dans leur style de vie affectent-ils leurs habitudes à table ? La qualité de la cuisine a-t-elle toujours la même importance pour eux ? L'augmentation des prix° les force-t-elle à changer leurs habitudes ? Voici les réponses des Français.

° *increase in prices*

Question n° 1

Vous discutez avec des amis. On parle des gens qui regardent la télévision pendant le dîner. Tout le monde donne son opinion. Avec quelle opinion êtes-vous le plus d'accord ?

1. « C'est agréable de regarder la télévision pendant le repas. »° 28% — *meal*
2. « C'est agréable d'avoir la télévision qui fait un bruit de fond° pendant qu'on mange et parle ensemble. » 5% — *background noise*
3. « C'est désagréable d'avoir la télévision pendant le repas. » 65%
4. Sans opinion. 2%

Question n° 2

On parle de l'alimentation.° Quelqu'un dit : « Maintenant il y a des produits chimiques° dans tout ce qu'on mange. Rien n'est naturel. » À ce sujet, plusieurs opinions sont exprimées. Avec quelle opinion êtes-vous le plus d'accord ?

food
chemical

1. « Les produits chimiques dans les aliments,° ça peut être très dangereux. » 73% — *food products*
2. « Les produits chimiques dans les aliments, ce n'est pas vraiment dangereux. » 21%
3. « Les produits chimiques dans les aliments représentent un progrès. » 4%
4. Sans opinion. 2%

Question n° 3

On parle ensuite des produits surgelés,° des desserts instantanés, etc. Avec quelle opinion êtes-vous le plus d'accord ?

frozen

1. « Je ne veux pas de ces produits-là dans ma maison ! » 14%

2. « Ils peuvent être utiles,° mais très exceptionnellement, par exemple quand quelqu'un arrive à l'improviste. »° 46%

   useful / *unexpectedly*

3. « Ils sont assez pratiques pour les repas rapides de tous les jours, mais c'est moins bon que les plats° qu'on prépare à la maison. » 30%

   dishes

4. « Ils remplacent très bien la cuisine traditionnelle. » 7%

5. Sans opinion. 3%

Question n° 4

L'augmentation des prix influence-t-elle votre consommation des produits suivants :

	consomme plus	consomme moins	sans changements
1. viande°	1%	32%	67%
2. volaille°	9%	8%	83%
3. poisson°	5%	11%	84%
4. fruits et légumes	3%	10%	87%
5. vin	0%	11%	89%

meat / *poultry* / *fish*

Question nº 5

Combien de fois par jour ou par semaine mangez-vous de la viande ou du poisson ?

1. deux fois par jour	18%
2. une fois par jour	69%
3. tous les deux jours°	8%
4. tous les trois jours	2%
5. moins souvent	3%

every other day

Question nº 6

On vous offre des vacances à l'hôtel. Vous avez le choix° entre deux hôtels : l'un est confortable mais la cuisine est médiocre ; l'autre n'est pas très confortable mais la cuisine est excellente. Quel hôtel choisissez-vous ?

choice

1. « L'hôtel très confortable. »	16%
2. « L'hôtel moins confortable. »	80%
3. Sans opinion.	4%

Extrait et adapté d'un article de ELLE

Notes Culturelles

Although quality and tradition still count in French cuisine, modern technology and a growing concern for health and nutrition are beginning to affect even some classic French products. For example, the local baker may no longer make his (or her) own **croissants** but buy them from a factory. Inventive French chefs are experimenting with the techniques of **la cuisine minceur,** a type of dietary cooking that blends high quality and low caloric value. These are just a few of the changes that are affecting "les Français à table . . . ."

Compréhension du texte

Indicate whether the following statements are true or false according to the reading selection. Reword the sentence if it is false.

1. Les Français pensent que la cuisine française est très ordinaire.
2. La plupart des Français aiment regarder la télévision pendant les repas.
3. La majorité des Français pensent que les produits chimiques dans les aliments sont très dangereux.
4. Les Français refusent absolument de manger des produits surgelés.
5. L'augmentation des prix n'a pas d'influence sur la consommation du vin en France.
6. Maintenant, les Français mangent plus de viande qu'avant l'augmentation des prix.
7. En général, les Français mangent de la viande ou du poisson une fois par jour.
8. Quand ils sont obligés de choisir entre la bonne cuisine et le confort, les Français choisissent le confort.

Aide-Communication

When you want to explain how many times a day, a week, a month, or a year you do something, you say **une fois par jour (semaine, mois, an).** The expression for *every other day* (*month* or *year*) is **tous les deux jours (mois, ans).** On the other hand, when you want to say every two weeks, you use **tous les quinze jours.**

EXEMPLES: Je mange de la viande *une fois par* jour.
Ils vont en France *tous les deux* ans.
Nous avons un examen *tous les quinze jours.*

Tell how often you do the following activities:

—je fais la cuisine
—je vais au restaurant
—je mange des hamburgers
—je mange des produits surgelés
—je mange du poisson
—je vais au supermarché
—je mange des légumes
—j'invite des amis à dîner
—je prépare un repas spécial
—je mange à la cafétéria

A. Réponses

What are your responses to the questions in the survey? Are they different from those of the French people interviewed? You may also want to compare your answers with those of other students.

B. Au restaurant

Imagine that you are in the French restaurant whose menu is shown on the next page. Working with another student, create a dialogue that might take place as you order your meal. One of you will be the customer, the other will play the role of the waiter. Expressions that you might want to use follow the menu.

Le Chanteclair

Les Hors d'Oeuvre

LA COQUILLE CHANTECLAIR
Scallops and Mushrooms Baked in a Shell

**LE FEUILLETÉ AU ROQUEFORT*
Puff Paste Filled with Roquefort Cheese

**LA QUICHE LORRAINE*
Savoury of Ham, Cream & Cheese

**LA COUPE DE FRUITS FRAIS*
Fresh Fruit Cup

Les Potages

**CONSOMMÉ DE VOLAILLE*
Chicken Consomme

**VICHYSSOISE*

Les Entrées

CRÊPES DE VOLAILLE GRATINÉES
Chicken Crepes au Gratin

LE CANETON ROTI AUX MANDARINES ...
Roast Duckling with Tangerine Sauce and Wild Rice

LES CÔTES D'AGNEAU VERT PRÉ ....
Broiled Lamb Chops, Watercress

LA TRUITE SAUTÉE GRENOBLOISE .....
Brook Trout Sautée with Capers and Lemon

LE FILET MIGNON, SAUCE BÉARNAISE
Broiled Filet Mignon with Béarnaise Sauce

L'ENTRECÔTE AU CRESSON
Broiled Sirloin Steak

LA SOLE DE LA MANCHE MEUNIÈRE
Dover Sole Sautée Meuniere

LES ESCALOPES DE VEAU À VOTRE GOUT
Veal Scaloppine to Your Taste

Légume et Salade

**SALADE AUX FINES HERBES*

**LÉGUME DU JOUR*

Les Desserts

**LA MOUSSE AU CHOCOLAT*
Chocolate Mousse

LA COUPE AUX MARRONS
Vanilla Ice Cream with Candied Chestnuts

**LA CRÈME RENVERSÉE AU CARAMEL*
Caramel Custard

**LES PATISSERIES ASSORTIES*
Assorted French Pastries

CAFÉ

CLIENT ou *CLIENTE*

—Est-ce que vous avez une table pour ______ personnes ?
—Apportez-moi le menu, s'il vous plaît.
—Qu'est-ce que vous avez comme hors-d'œuvre ?
—Quelle est la spécialité de la maison ?
—Quel est le plat du jour ?
—Qu'est-ce que vous avez comme entrées ?
—Qu'est-ce que vous avez comme desserts ?
—Qu'est-ce que vous avez comme boissons (vins) ?
—Apportez-moi l'addition, s'il vous plaît.
—Pouvez-vous nous apporter . . . ?
—Je désire encore . . .

—Je vais prendre . . .
—Est-ce que le service est compris ?
—Est-ce que vous avez des . . . ?
—?

GARÇON ou *SERVEUSE*

—Vous désirez une table pour combien de personnes ?
—Qu'est-ce que vous prenez comme hors-d'œuvre ?
—Qu'est-ce que vous prenez comme entrée ?
—Qu'est-ce que vous prenez comme dessert ?
—Qu'est-ce que vous prenez comme boisson (vin) ?
—Qu'est-ce que vous désirez boire ?
—Est-ce que vous désirez autre chose ?
—Je regrette, mais nous n'avons plus de . . .
—?

C. Questions / Interview

Answer the following questions yourself or use them to interview another person.

1. Est-ce que vous aimez manger ?
2. En général, préférez-vous la quantité ou la qualité ?
3. Quel est votre plat favori ?
4. Est-ce que vous préférez manger chez vous ou au restaurant ?
5. Est-ce que vous allez souvent au restaurant ?
6. Quel est votre restaurant favori ? Pourquoi ?
7. Est-ce que vous aimez la cuisine française ?
8. Est-ce qu'il y a un restaurant français dans votre ville ?
9. Est-ce que vous aimez la cuisine d'autres pays (par exemple, la cuisine italienne, la cuisine chinoise) ?
10. Dans votre famille, qui fait habituellement la cuisine ?
11. Est-ce que vous aimez faire la cuisine ?
12. Quelle est votre spécialité ?
13. Dans quel magasin est-ce que vous achetez vos provisions ?
14. Est-ce que vous prenez trois repas par jour ?
15. Est-ce que, pour vous, manger est une nécessité ou un plaisir ?
16. ?

D. Sujets de conversation

French people think of meals as a time for togetherness and conversation with friends and family. What do you like to talk about with your family, your friends or people you do not know well? Indicate whether you tend to talk frequently, sometimes, rarely or never about the following topics with each of these groups. Are there any differences?

4 = souvent 2 = rarement
3 = quelquefois 1 = jamais

	Avec ma famille	Avec mes amis	Avec les gens que je ne connais pas bien
1. la politique	___	___	___
2. la religion	___	___	___
3. le temps	___	___	___
4. les sports	___	___	___
5. les événements de la semaine	___	___	___
6. mes disques favoris	___	___	___
7. mon travail ou mes études	___	___	___
8. ma philosophie personnelle	___	___	___
9. le gens que je connais	___	___	___
10. mes problèmes	___	___	___
11. mes projets	___	___	___
12. mes souvenirs d'enfance	___	___	___
13. mes distractions favorites	___	___	___
14. les films et les livres	___	___	___
15. ma vie privée	___	___	___
16. ?	___	___	___

chapitre onze

Les Jeunes en vacances

LE KENYA

Jean-Luc, 19 ans, un safari-photo au Kenya

Jean-Luc habite la Camargue. Il fait du cheval° comme un vrai cowboy et il adore les animaux depuis son enfance. Un jour qu'il regarde une brochure sur le Kenya, l'idée lui vient d'aller photographier lui-même les animaux sauvages d'Afrique. Ses parents acceptent de lui acheter un appareil-photo, mais Jean-Luc qui est garçon de café° gagne lui-même l'argent pour le voyage.

Pour trouver l'argent nécessaire, Jean-Luc vend ses vieux disques de rock et il commence à mettre de l'argent de côté.° Pendant un an, il économise tous les pourboires° que les clients lui donnent. Maintenant, Jean-Luc a assez d'argent pour le voyage Paris-Nairobi en charter et à Noël il va réaliser son rêve.°

horseback riding
waiter
aside
tips
dream

Christian, 18 ans, un week-end à Brand's Hatch

Christian habite Carcassonne et il est passionné de compétition automobile. Il rêve depuis longtemps de voir une vraie course° et de parler aux grands pilotes. Son rêve va bientôt devenir réalité : le 21 juillet, il va assister° au Grand Prix de Brand's Hatch en Angleterre.

Quel est son secret ? Très simple. Depuis un an, Christian économise une partie de l'argent de poche° que ses parents lui donnent et il le met à la Caisse d'Épargne.° Maintenant il peut réaliser son rêve.

race
attend
pocket-money
savings bank

BRAND'S HATCH, ANGLETERRE

Nadine, 20 ans, un voyage en Égypte

Nadine, elle, va passer ses vacances en Égypte. L'Égypte, pays des
25 Pharaons, la fascine depuis longtemps. Elle rêve de vacances à dos
de chameau° au pied des pyramides. Ce rêve est sur le point de se réaliser. Nadine, qui habite Clermont-Ferrand, économise son argent depuis plusieurs années et va organiser elle-même son voyage. Pendant son voyage en Égypte, elle va visiter le Caire, Assouan,
30 Louxar, Abou Simbel. Elle est fascinée par les pyramides, les temples et les sphinx qui symbolisent tout le mystère des grandes civilisations passées.

° *on a camel's back*

LE TEMPLE DE KARNAK EN ÉGYPTE

Alain, 21 ans, une aventure à Cap Kennedy

Alain est étudiant à Paris. Il fait des études pour devenir ingénieur.° *engineer*
35 Sa grande passion : l'astronautique. Son rêve : assister au lancement d'une fusée° à Cap Kennedy. La NASA est contente de recevoir les jeunes qui se passionnent pour l'exploration spatiale, mais le voyage coûte cher. Alain, qui depuis plusieurs années travaille à mi-temps° pour gagner un peu d'argent, a maintenant 3 000 F d'économies.
40 En juillet, il va s'offrir un voyage en Floride et assister au lancement d'un vaisseau spatial.°

launching of a rocket

part time

space vehicle

Extrait et adapté d'un article de Salut les Copains

Notes culturelles

La Camargue is a picturesque, marshy region in the Rhone delta of southern France. It is known for the raising of horses and bulls that are used in bullfighting.

Carcassonne is an ancient city in southern France that is known for its well-preserved fortifications dating back to the Middle Ages.

Clermont-Ferrand is an industrial city of 150,000 inhabitants in the central French province of Auvergne. It is the center of the French tire industry and home of the famous Michelin company.

LA CAMARGUE

CARCASSONNE

Compréhension du texte

Answer the following questions about the reading selection.

Jean-Luc

1. Dans quelle région de France est-ce qu'il habite ?
2. Qu'est-ce qu'il veut photographier en Afrique ?
3. Qui va payer le voyage ?
4. Comment va-t-il aller au Kenya ?

Christian

1. De quelle ville Christian vient-il ?
2. Quelle est sa grande passion ?
3. À quelle course est-ce qu'il va assister ?
4. Que fait-il de l'argent de poche que ses parents lui donnent ?

Nadine

1. De quoi Nadine rêve-t-elle depuis longtemps ?
2. Qu'est-ce qu'elle a l'intention de faire en Egypte ?
3. Pourquoi est-ce que les monuments égyptiens la fascinent ?
4. Où est-ce que Nadine habite ?

Alain

1. Où Alain fait-il ses études d'ingénieur ?
2. Quel est son grand rêve ?
3. Pourquoi Alain travaille-t-il à mi-temps ?
4. Où et quand va-t-il assister au lancement d'un vaisseau spatial ?

Aide-Communication

When talking about money, the following words and expressions are useful:

gagner	to earn, to make money
économiser	to save money
mettre de côté	to set aside
mettre de l'argent à la banque	to put money in the bank
gaspiller	to waste
dépenser	to spend
être économe	to be thrifty
être dépensier (-ière)	to be a spender
emprunter	to borrow
prêter	to lend

Answer the following questions.

1. Est-ce que vous travaillez pour gagner votre argent de poche?
2. Qu'est-ce que les étudiants peuvent faire pour gagner de l'argent?
3. Est-ce que les étudiants qui travaillent dans les restaurants gagnent beaucoup?
4. Est-ce que vous mettez de côté l'argent que vous gagnez?
5. Êtes-vous économe ou dépensier (-ière)?
6. Est-ce que vous gaspillez votre argent quelquefois?
7. En général, sur quels objets dépensez-vous votre argent?
8. Est-ce que vous empruntez de l'argent quelquefois?
9. Est-ce que vos parents vous prêtent de l'argent?

A. Questions / Interview

Answer the following questions yourself or use them to interview another student.

1. Est-ce que vous aimez voyager ?
2. Est-ce que vous voyagez souvent ?
3. En quelle saison est-ce que vous préférez voyager ? Pourquoi ?
4. Est-ce que vous préférez voyager en train, en auto, en autocar, en avion, en bateau ou à bicyclette ? Pourquoi ?
5. Est-ce que vous préférez voyager seul(e), avec des amis ou avec votre famille ?
6. Est-ce que vous préférez les voyages organisés ou les voyages que vous organisez vous-même ?

7. Est-ce que vous préférez visiter les grandes villes ou les petites villes et les villages ?
8. Est-ce que vous préférez visiter les États-Unis ou les pays étrangers ? Pourquoi ?
9. Quand vous voyagez, est-ce que vous préférez faire du camping ou aller à l'hôtel ?
10. Quel est le voyage de vos rêves ?
11. ?

B. Beaux rêves

Create sentences that describe what you dream of by combining elements from each column.

Je rêve	toujours	de vivre sur une île déserte.
	souvent	d'être millionnaire.
	quelquefois	de faire un safari-photo en Afrique.
	rarement	de posséder une Porsche.
		d'avoir un téléphone dans ma chambre.
		de voyager en France.
		de quitter ma ville pour toujours.
		de trouver un bon travail.
		d'apprendre à jouer d'un instrument de musique.
		d'avoir une villa sur la Côte d'Azur.
		d'être président(e) des États-Unis.
		de faire du camping.
		de visiter d'autres planètes.
		de faire le tour du monde.
		d'avoir la liberté de faire ce que je veux.
		de faire une grande invention.
		de passer mes vacances dans un pays exotique.
		de vivre une vie tranquille.
		?

C. On fait des économies

1. *In order to save money for a trip or something special, you may have to economize on little things. To what extent would you be willing to give up any of the following? First, check the items that you would be willing to give up or that are not important to you.*

_______ le cinéma
_______ les cigarettes
_______ les snacks
_______ les bonbons
_______ les disques
_______ les repas au restaurant
_______ les revues et les journaux
_______ les livres
_______ l'usage de mon auto
_______ les matchs de sports
_______ les concerts
_______ ?

2. *Then create sentences explaining why each item is or is not important to you.*

EXEMPLES: *Pour moi, les disques ne sont pas importants parce que je n'aime pas la musique.*
Pour moi, l'usage fréquent de mon auto est important parce que j'habite loin d'ici et il n'y a pas d'autobus.

D. Un projet fantastique

Create a paragraph about a trip or a project that interests you by using the options provided or by adding your own ideas.

Depuis longtemps, je rêve de . . . (1). C'est un projet qui me fascine parce que j'aime vraiment . . . (2). Si c'est possible, je vais inviter . . . (3) à participer à mon projet. Pour obtenir l'argent nécessaire, je vais . . . (4). Si ce n'est pas suffisant, je vais aussi essayer de faire des économies. Pour cela, je vais renoncer à . . . (5). Si tout va bien, je vais réaliser mon rêve . . . (6).

Options

1.

- **a.** faire un voyage en Scandinavie.
- **b.** visiter les parcs nationaux américains.
- **c.** passer un an à vagabonder dans le monde.
- **d.** explorer la vallée du Nil.
- **e.** acheter un appareil-photo.
- **f.** ?

2.

- **a.** l'archéologie.
- **b.** les langues étrangères.
- **c.** les sports.
- **d.** la photographie.
- **e.** la nature.
- **f.** la liberté.
- **g.** ?

3.

- **a.** mon professeur
- **b.** mes parents
- **c.** un(e) ami(e)
- **d.** un spécialiste
- **e.** ?

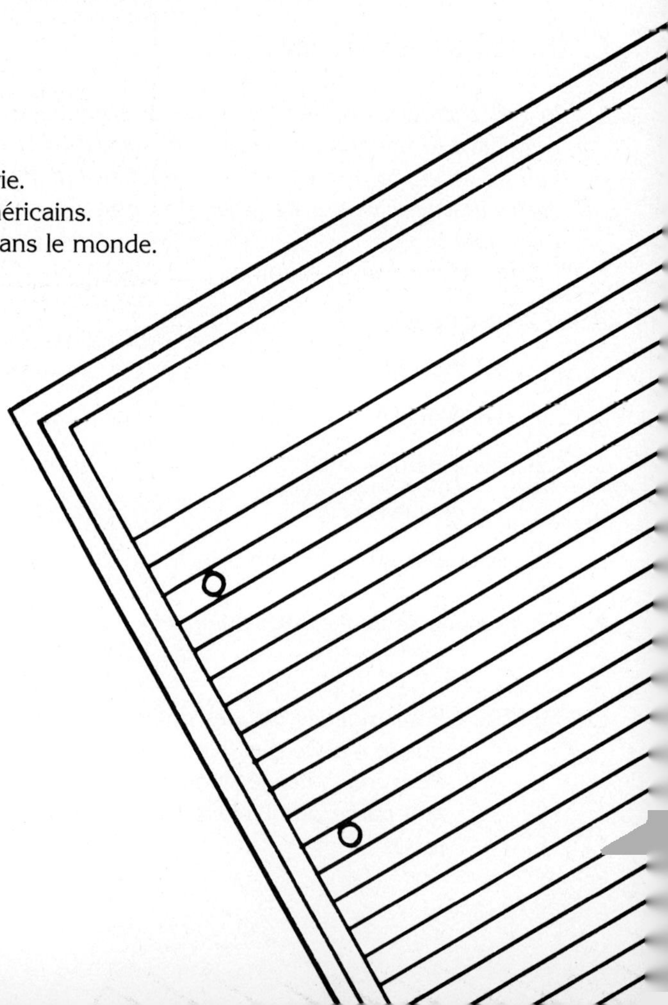

4.

a. travailler à mi-temps.
b. travailler à temps complet.
c. demander de l'argent à mes parents.
d. utiliser mes économies.
e. ?

5.

a. acheter des snacks.
b. acheter des disques.
c. aller souvent au cinéma.
d. ?

6.

a. dans un mois.
b. cette année.
c. dans trois ans.
d. ?

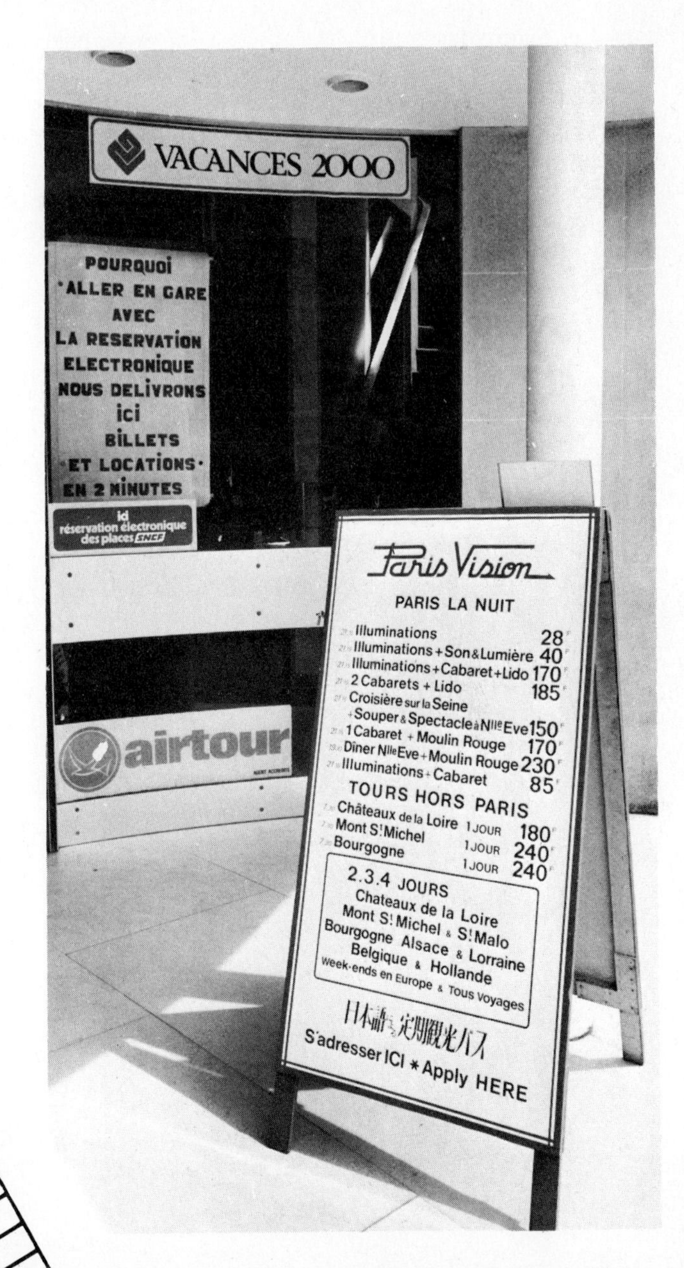

E. Trouvez les mots

Find the names of the countries in which the tourist attractions listed below are located. The names may go forward, backward, up, down or diagonally.

Dans quel pays trouve-t-on ...

—Les Pyramides ?
—le Grand Canal de Venise ?
—la Tour Eiffel ?
—le lac de Genève ?
—le Kremlin ?
—le Parthénon ?
—des Kibboutz ?

—le palais de Buckingham ?
—des vestiges de la civilisation des Incas ?
—la Maison Blanche ?
—le Taj Mahal ?
—le château de Heidelberg ?
—le Saint Laurent ?
—des fjørds ?

G R È S Q R I E T A S M O R V È J A M
E E G C A N D A L L E E M A G N E I T
R S I I R A O A I R I S R A Ë L O N É
N O P È S U D M R S A U D I R A W B T
É A T S U A N E S A L L E M A G N E A
R C A N N F T U L U O P U E R T O L T
O O N A I E R T I B I R Ë G I E P O S
M A C O L A P A R G E S W E N U R N U
E L A G E R A M N U R U S R D O U D N
S É N É D A L E O C Î L E E I R T R I
W A R O N B G X R I E G Y P T A É E S
I T A L I E É I V J A P O A I P G U T
T Â L A S K A Q È O R O J R B N Y O U
A R U S R A R U G R È C E I E I P R R
J È R M Ë N I E E È G Y P S T L T É Q
O C H I R Î S W È D A N O R M E E P U

chapitre douze

Comment payer ses études

Martine a 23 ans. Elle est étudiante. Elle a les cheveux° blonds et les yeux° bleus; elle est pleine de vie. Elle désire faire des études de commerce mais elle n'a pas d'argent. Alain a 40 ans. Il a les cheveux bruns.° C'est un homme énergique et respectable. Il est directeur d'une entreprise. Un jour, ils se rencontrent.° Ils s'aiment bien; ils signent un pacte. Histoire d'amour? Non, pas exactement. C'est plutôt une histoire d'argent: il va payer ses études, et dans vingt ans elle va lui payer une retraite.° C'est la « bourse° intergénérations ».

hair / *eyes* / *brown* / *meet* / *retirement/scholarship*

Ce système est l'idée de deux hommes, Pierre Vergeat et Louis Tissot. Ils veulent créer un mouvement de solidarité entre les jeunes qui commencent dans la vie et les gens qui sont bien établis. L'Association intergénérations fonctionne comme une agence de mariage: elle met en contact les futurs partenaires.° Les personnes qui prêtent° de l'argent sont des parrains° (ou marraines), et les personnes qui reçoivent l'argent sont les filleuls° (ou filleules). Pour limiter les problèmes, on signe un contrat extrêmement précis.

partners / *loan/godfathers* / *godchildren* (masc.)

Pour Martine, la bourse intergénérations est une solution idéale. Ses parents sont divorcés. Sa mère travaille, mais elle n'a pas assez d'argent pour aider Martine à payer ses études parce qu'il y a encore trois autres enfants à la maison. Le jour de ses dix-huit ans, sa mère lui dit: « Débrouille-toi,° je ne peux pas t'aider ». Dans ces conditions, Martine ne peut même pas finir ses études au lycée. Elle cherche du travail. Pendant trois ans, elle a seulement de petits jobs comme vendeuse° ou baby-sitter. Mais elle économise quand même un peu d'argent pour finir ses études au lycée. Elle passe son baccalauréat et commence des études commerciales. Mais Martine est obligée d'abandonner parce que ça coûte° trop cher.

work things out / *saleswoman* / *costs*

Maintenant, avec la bourse intergénérations elle va pouvoir continuer ses études. Et, elle espère être marraine un jour, elle aussi.

Extrait et adapté d'un article de l'Express *par Jacqueline Rémy*

Notes culturelles

Popular sayings usually reflect the concerns that people have about various aspects of their lives. The following French proverbs contain advice and opinions about money.

—**Chaque chose a son prix.** Everything has its price.
—**Les bons comptes font les bons amis.** Pay your debts and keep your friends.
—**Il est plus facile d'acheter que de payer.** It's easier to buy than to pay.
—**L'argent n'a pas d'odeur.** You can't tell by looking at money whether it's been made honestly. (Literally, money has no odor.)
—**Tout ce qui brille n'est pas or.** Everything that glitters is not gold.
—**L'argent ne pousse pas sur les arbres.** Money doesn't grow on trees.
—**L'argent ne fait pas le bonheur.** Money can't buy happiness.

Compréhension du texte

1. Que savez-vous au sujet de Martine?
2. Que savez-vous au sujet d'Alain?
3. En quoi consiste le pacte qu'ils ont signé?
4. Quel est le but (*goal*) de cette « bourse intergénérations »?
5. Quel est le rôle des parrains et des marraines?
6. Comment les « filleuls » vont-ils rembourser leur parrain ou leur marraine?
7. Quelle est la situation familiale de Martine?
8. Pourquoi Martine est-elle obligée d'abandonner ses études avant d'avoir son baccalauréat?
9. Qu'est-ce qu'elle fait pendant ces trois ans?
10. Quelles sortes d'études l'intéressent?
11. Quel(s) changement(s) la bourse intergénérations va-t-elle apporter dans la vie de Martine?

Aide-Communication

The terms below are used when talking about some family members or relatives.

les parents	parents (father and mother)
des parents	relatives
un fils	a son
une fille	a daughter
un frère	a brother
un grand frère	an older brother
un petit frère	a younger brother
une soeur	a sister
une grande soeur	an older sister
une petite soeur	a younger sister
un oncle	an uncle
une tante	an aunt
un cousin	a cousin (*masc.*)
une cousine	a cousin (*fem.*)
un neveu	a nephew
une nièce	a niece

Answer the following questions:

1. Est-ce que vous avez des frères et des soeurs?
2. Combien d'enfants est-ce qu'il y a dans votre famille?
3. Est-ce que vous avez une grande soeur?
4. Est-ce que vous avez un petit frère?
5. Combien d'oncles et de tantes est-ce que vous avez?
6. Où habitent-ils?
7. Est-ce que vous avez des cousins et des cousines?
8. Est-ce que vous voyez souvent vos cousins et vos cousines?
9. Est-ce que vous avez des neveux ou des nièces?
10. Est-ce que vous avez des parents qui habitent dans un pays étranger? Si oui, dans quel pays habitent-ils?

A. Filleuls et filleules au choix

Imagine that you want to become **un parrain** *or* **une marraine.** *On the next page are brief descriptions of four applicants. Tell whom you would choose and why.*

Annie

Sérieuse. A toujours de bonnes notes, mais ne sait pas ce qu'elle veut faire dans la vie.

Gérard

Arrogant mais capable. Veut gagner beaucoup d'argent. Un peu impatient. Toujours prêt à prendre des risques.

Michèle

Ambitieuse. Réussit bien dans ses études mais seulement quand elle fait ce qu'elle aime. Rêve de faire de la recherche scientifique.

Jean-Paul

Intelligent et sérieux. Aime étudier les langues étrangères. Très bon en anglais. Désire faire une carrière diplomatique. Aime beaucoup la musique classique.

B. Pouvez-vous me prêter de l'argent?

Imagine that you are filling out a request for a loan. You might be asked the following questions. How would you answer them?

1. Comment vous appelez-vous?
2. Quel âge avez-vous?
3. Est-ce que vous travaillez?
4. Combien gagnez-vous par mois?
5. De combien d'argent avez-vous besoin?
6. Qu'est-ce que vous allez faire avec cet argent?
7. Comment allez-vous rembourser cet argent?
8. Quand allez-vous rembourser cet argent?

C. On peut toujours essayer . . .

Try to convince someone to lend you money for school. What are some of the reasons you will give?

EXEMPLES: *Je n'ai pas d'argent pour continuer mes études.*
Je suis un(e) bon(ne) étudiant(e).

D. Pour ou contre

Discuss the possible advantages and disadvantages of the **"bourse intergénérations."**

EXEMPLES: *On rembourse le « parrain » quand on est bien établi dans la vie.*
Si on décide de ne plus continuer ses études, il faut rembourser le parrain immédiatement.

chapitre treize

« J'aime le football »

« Je m'appelle Roger Maréchal et j'ai quarante-neuf ans. Aujourd'hui, après vingt-sept ans de travail, je vais terminer ma carrière. Et alors ? . . . pensez-vous, qui est-ce que cela intéresse ? C'est vrai, ma fonction n'a peut-être pas un très grand prestige, mais elle est loin d'être sans importance. Sans moi, les matchs sont impossibles ; je suis l'arbitre.° Pourquoi est-ce que je fais ce métier ?° Ce n'est certainement pas pour l'argent : c'est parce que j'aime le football.

« Quand j'arbitre un match, je ne fais pas attention au public qui est souvent hostile. La plupart du temps c'est parce que les spectateurs ne connaissent pas les règles° du football. Ils viennent pour voir leur équipe° gagner ou pour libérer leurs instincts primitifs. Trop souvent ils n'ont pas de respect pour l'arbitre, pour les joueurs et surtout pour les autres spectateurs. Mais tous les publics ne sont pas violents et il y a des régions où c'est un vrai plaisir d'arbitrer. En Grande-Bretagne, par exemple, les spectateurs ne sont pas hostiles et les joueurs respectent les décisions de l'arbitre. En France, je préfère les publics de Saint-Étienne, de Lyon et du Nord. Mais dans le Midi,° c'est impossible de contrôler la passion des spectateurs !

« Contrairement à l'idée populaire, c'est très stimulant d'arbitrer devant 100.000 personnes. Un stade° désert est démoralisant.

En général, je n'ai pas de problèmes avec les équipes qui jouent bien. Mais quand une équipe joue mal, c'est très difficile. Les joueurs trichent ;° ils utilisent toutes les méthodes possibles pour gagner, même les plus brutales. De plus, il y a un maximum de joueurs sur un minimum de surface. Comment peut-on juger une faute° dans cette confusion ! Quinze joueurs massés dans les dix-huit mètres ! Et l'arbitre doit° prendre en une seconde la décision de refuser ou d'accorder un but° . . . et . . . le futur des deux équipes dépend de cette décision . . . et les passions des spectateurs sont intenses. . . .

« Pour ce travail, il faut être en excellente condition physique. À mon âge, on commence à avoir beaucoup de difficulté à récupérer. Alors je préfère laisser la place aux jeunes ; mais il y a peu de candidats . . . Je ne veux pas dramatiser, mais je suis persuadé que l'augmentation de la violence va être la ruine du football. . . . »

referee/job · *rules* · *team* · *le Sud* · *stadium* · *cheat* · *violation* · *must* · *goal*

Extrait et adapté d'un article de l'Express

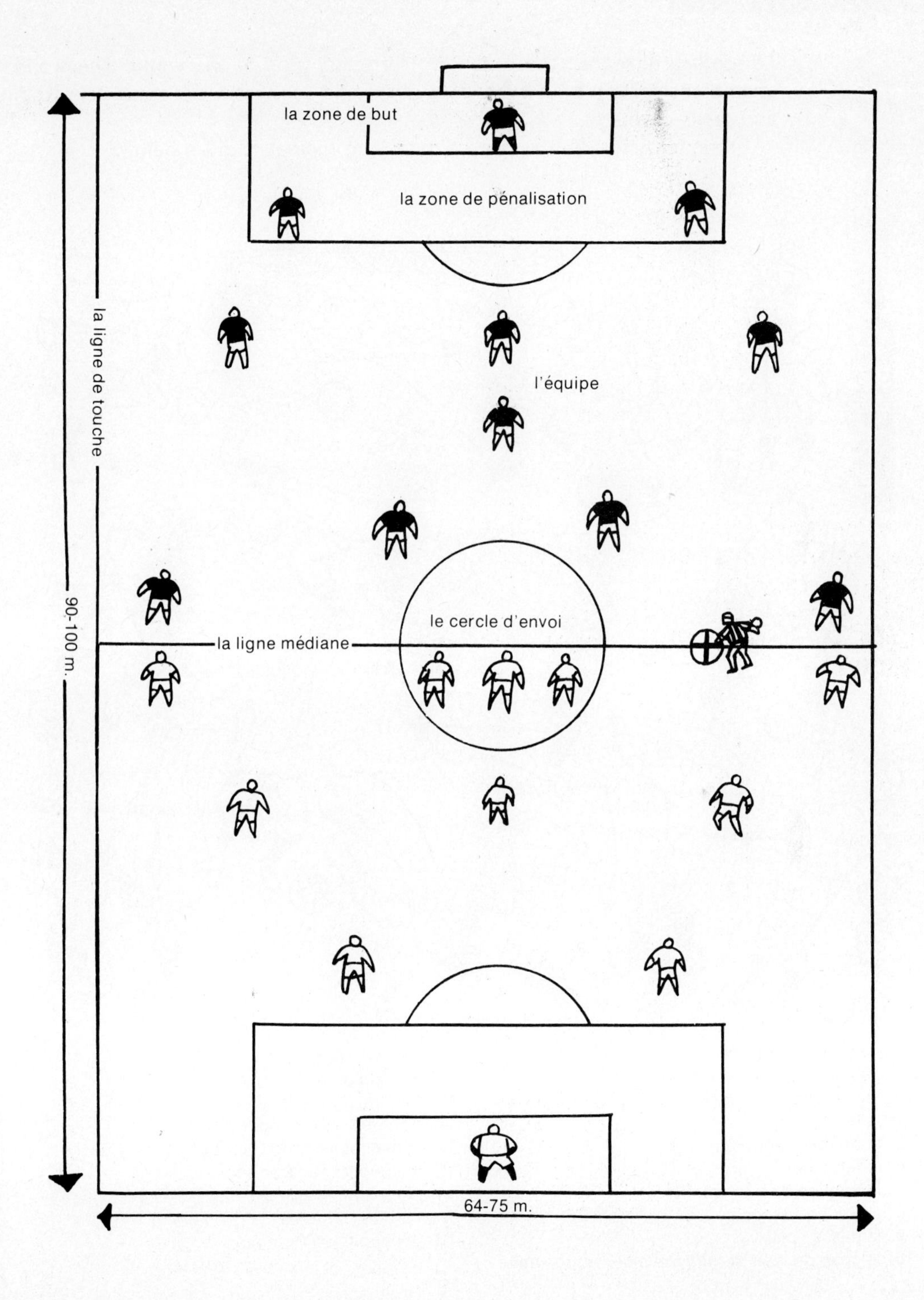
la zone de but
la zone de pénalisation
la ligne de touche
l'équipe
90-100 m.
le cercle d'envoi
la ligne médiane
64-75 m.

Notes culturelles

Le football is soccer, the most popular team sport in the world. The world championship is played every four years and receives widespread television and press coverage.

Some terminology that is used in playing *football* is given below.

1. l'entraîneur *trainer*
2. l'équipe *team*
3. le coup de pied *kick*
4. le but *goal*
5. le dribble *dribble*
6. le filet *net*
7. le gardien de but *goalie*
8. marquer *to score*
9. la passe *pass*
10. le coup de tête *hitting the ball with the head*
11. l'arrêt *stop*
12. le coup d'envoi *kickoff*
13. la faute *penalty*
14. hors-jeu *out of bounds*
15. le maillot de sport *jersey*
16. le coup franc *free shot*
17. la réception *catch*
18. l'arbitre *referee*
19. le ballon *ball*

Compréhension du texte

Answer the following questions about the reading passage.

1. À l'âge de quarante-neuf ans, Roger Maréchal va . . .
   a. terminer sa carrière
   b. arbitrer à Londres
   c. apprendre les règles du football

2. Roger Maréchal est arbitre parce qu'il . . .
   a. est bien payé
   b. a besoin de l'admiration du public
   c. aime le football

3. Roger Maréchal pense qu'en général, le public . . .
   a. respecte les décisions des arbitres
   b. est trop hostile et violent
   c. connaît bien les règles du football

4. Il pense que les spectateurs viennent voir les matchs pour . . .
   a. libérer leurs instincts primitifs
   b. voir perdre leur équipe
   c. rester en bonne condition physique

5. Il préfère arbitrer en Angleterre . . .
   a. parce qu'il parle anglais avec facilité
   b. parce qu'il y a toujours des millions de spectateurs
   c. parce que les spectateurs et les joueurs respectent les décisions des arbitres

6. Roger Maréchal trouve que c'est démoralisant d'arbitrer quand . . .
   a. il y a très peu de spectateurs
   b. il doit refuser un but
   c. les équipes jouent bien

7. Il est souvent difficile de juger les fautes pendant un match . . .
   a. parce qu'il y a beaucoup de joueurs massés sur un minimum de surface
   b. parce qu'il fait très mauvais en Angleterre
   c. parce que tous les joueurs trichent

8. Roger Maréchal va terminer sa carrière . . .
   a. parce que les joueurs gagnent trop d'argent
   b. parce qu'il a de la difficulté à récupérer après les matchs
   c. parce que le futur du football dépend des spectateurs

Aide-Communication

When talking about competitive or team sports, **jouer à** is the common expression.

jouer au football
jouer au base-ball
jouer au basket-ball
jouer au rugby
jouer au hockey
jouer au golf
jouer au tennis
jouer au volley-ball
jouer au hand-ball

Tell what sports the following persons play. You may want to add sports figures to the list and then see if other students can identify the sport they play.

EXEMPLE: Jack Nicklaus?
→ *Il joue au golf.*

1. Martina Navratilova?
2. Pete Rose?
3. Lee Trevino?
4. Terry Bradshaw?
5. "Magic" Johnson?
6. Chris Evert Lloyd
7. Jack Nicklaus
8. James Lofton?
9. Johnny Bench
10. "Dr. J" (Julius Erving)
11. ?

A. Êtes-vous d'accord?

Do you agree with the following statements? If you disagree, reword the statement so that it expresses your opinion.

1. Le football est plus brutal que le hockey.
2. Le base-ball est le sport national des Américains.
3. L'Américain typique est en excellente condition physique.
4. En général, les spectateurs américains respectent les arbitres.
5. Les sports occupent une trop grande place dans les écoles et les universités américaines.
6. Les footballeurs professionnels américains sont trop bien payés.
7. Chaque étudiant doit être obligé de faire du sport.
8. Les femmes sont moins sportives que les hommes.
9. Il y a trop de sports télévisés.
10. Le tabac et l'alcool sont mauvais pour les athlètes.

B. Comment rester en forme

Listed below are activities that some people find helpful for staying in good physical condition. Which ones do you prefer? Choose the five that are most appealing to you and share your preferences with other students. You may wish to add other activities not included in the list below.

EXEMPLE: *J'aime faire des exercises chaque matin et jouer au football.*

_______ prendre des vitamines tous les jours
_______ faire une longue promenade chaque jour
_______ dormir au moins huit heures chaque nuit
_______ jouer fréquemment au tennis
_______ éliminer les desserts, les bonbons et les snacks
_______ faire la liste des calories qu'on consomme chaque jour
_______ jouer au base-ball
_______ faire de la bicyclette régulièrement
_______ faire du yoga, du judo ou du karate
_______ manger trois bons repas par jour
_______ éliminer le café, le thé et tous les autres stimulants
_______ aller régulièrement chez le docteur pour un examen médical complet
_______ faire de la danse classique ou moderne
_______ ?

C. Questions / Interview

You may either answer these questions yourself or use them to interview another student.

1. Quel(s) sport(s) aimez-vous ?
2. Quel sport pratiquez-vous le plus souvent ?
3. Est-ce que vous préférez pratiquer un sport ou être spectateur ?
4. Aimez-vous aller aux matchs de football ou de basket-ball ?
5. Aimez-vous regarder les matchs à la télévision ?
6. Est-ce que vous faites du ski, de la gymnastique ou de la bicyclette ?
7. Est-ce que vous préférez le golf ou le tennis ?
8. Est-ce que vous préférez les sports individuels ou les sports d'équipe ?
9. Qu'est-ce que vous faites pour être en bonne condition physique ?
10. Est-ce que vous jouez mieux quand il y a des spectateurs ?
11. Quand vous faites du sport, est-ce que vous cherchez l'admiration des spectateurs ?
12. ?

D. À mon avis . . .

People's opinions about different sports vary. What do you think about the sports listed below? Create sentences by using an element from each column to express your opinions about these sports. Start each statement with **À mon avis** *(In my opinion).*

. . . le football	est un sport	fascinant.
. . . le volley-ball	n'est pas un sport	cruel.
. . . le golf		sensationnel.
. . . la boxe		dangereux.
. . . le tennis		brutal.
. . . le base-ball		compétitif.
. . . le basket-ball		compliqué.
. . . le rugby		violent.
. . . le cross-country		intéressant.
. . . le judo		primitif.
. . . le ping-pong		facile.
. . . le ski		agréable.
?		populaire.
		masculin.
		désagréable.
		amusant.
		monotone.
		?

chapitre quatorze

Quelles sont les distractions favorites des Français ?

Regardez les illustrations. Elles représentent certaines activités pratiquées par les Français pendant leur temps libre.° Savez-vous quels sont les passe-temps les plus populaires en France ? Regardez la liste et mettez ces distractions dans l'ordre d'importance que, selon 5 vous,° elles ont pour les Français.

free

according to you

______ Je vais à la chasse ou à la pêche.

______ Je vais me promener.

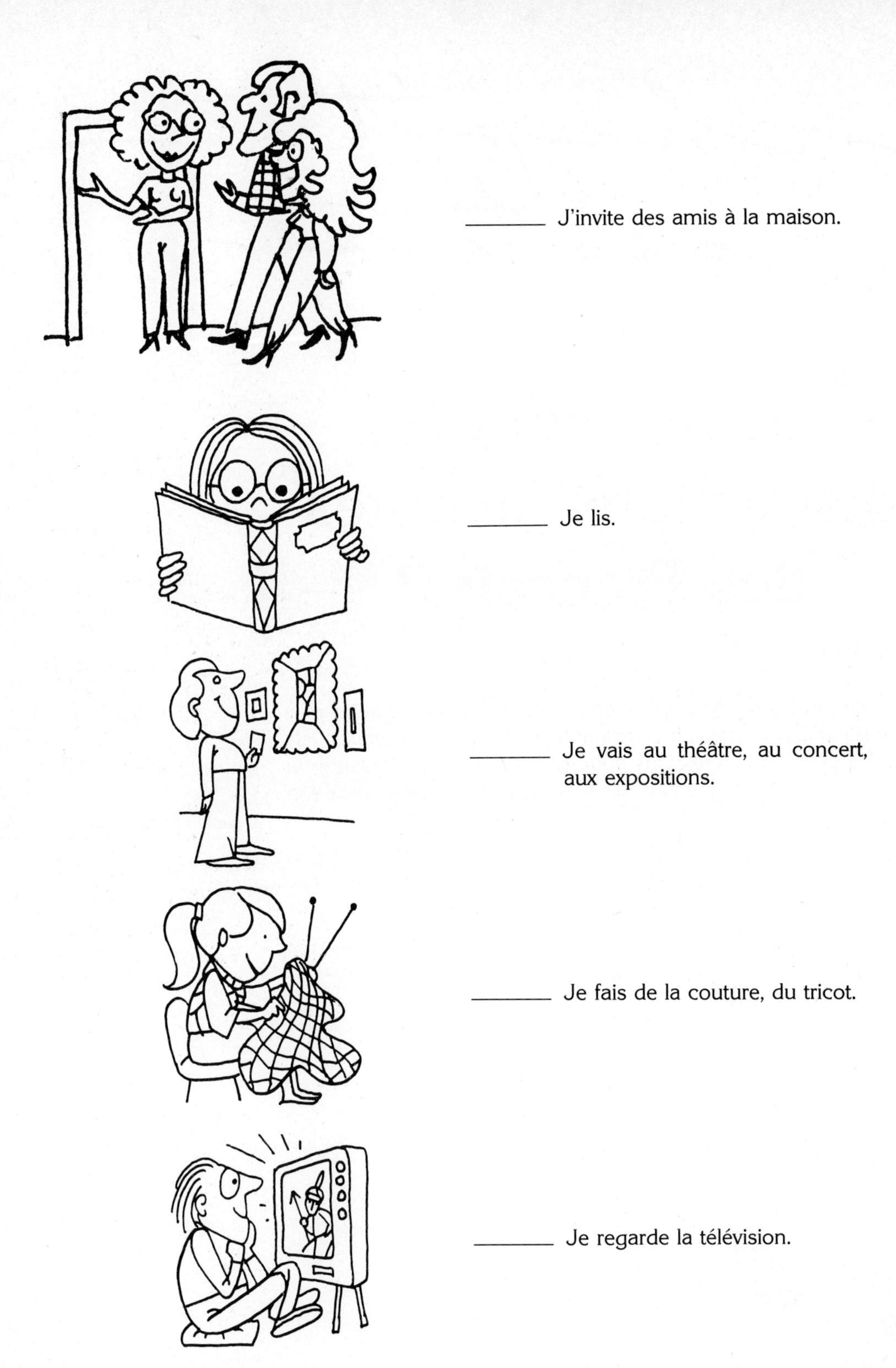

_______ J'invite des amis à la maison.

_______ Je lis.

_______ Je vais au théâtre, au concert, aux expositions.

_______ Je fais de la couture, du tricot.

_______ Je regarde la télévision.

_______ Je fais du sport.

_______ Je vais au café.

_______ Je m'occupe de mon jardin et de ma maison.

_______ Je fais des petites réparations à la maison.

_______ Je vais au cinéma.

Si vous voulez connaître les préférences des Français, lisez les résultats d'un questionnaire préparé par *l'Express.*

Question: **Pendant votre temps libre, quelles sont les activités que vous pratiquez souvent ou assez souvent?**

Résultats

1.	Je vais me promener	75,0%
2.	Je regarde la télévision	72,7%
3.	Je m'occupe de mon jardin et de ma maison	64,3%
4.	J'invite des amis à la maison	62,0%
5.	Je lis	60,2%
6.	Je fais des petites réparations à la maison	51,0%
7.	Je fais de la couture, du tricot	41,2%
8.	Je fais du sport	18,7%
9.	Je vais au cinéma	17,1%
10.	Je vais au théâtre, au concert, aux expositions	15,3%
11.	Je chasse, je pêche	14,6%
12.	Je vais au café	14,6%

Les résultats montrent que la promenade° et la télévision sont les distractions favorites des Français. En général, la proportion de promeneurs est supérieure à 60%, excepté dans les villes du Nord où le climat est assez froid et humide. Les téléspectateurs aussi sont nombreux dans toute la France—entre 65% et 80%—mais ils sont particulièrement nombreux dans le Nord ; pour la même raison sans doute.

going for a walk (or ride)

Beaucoup de Français aiment s'occuper° de leur jardin ou inviter des amis. Dans le Midi où il fait toujours beau, ils passent une bonne partie de leur temps libre à jouer à la pétanque avec leurs amis. Ils ont tendance à inviter leurs amis moins souvent que dans les autres régions de France.

take care of

Les Français aiment aussi rester à la maison pour lire ou bricoler.° Le bricolage reste une activité plus masculine que féminine. Par contre,° la couture et le tricot sont généralement réservés aux femmes ; mais dans certaines villes, 2% ou 3% des hommes pratiquent régulièrement ces activités.

do odd jobs

on the other hand

Les cinémas sont surtout fréquentés par les jeunes. Le sport, la chasse et la pêche sont des distractions importantes en particulier pour les hommes, les jeunes et, en général, les gens qui gagnent un assez bon salaire. Les statistiques montrent aussi que Grenoble est la ville la plus sportive de France. Il est vrai qu'à Grenoble, il est facile de faire du sport. Situé dans les Alpes, Grenoble est un centre important de sports d'hiver. Même les Grenoblois qui ont entre quarante et soixante ans continuent à faire du sport régulièrement.

Il est surtout intéressant de noter que « je vais au café » arrive en dernière place. Le rôle traditionnel du café comme centre de la vie sociale diminue donc progressivement. Les gens qui imaginent que les Français passent tout leur temps au café vont être bien surpris.

Extrait et adapté d'un article de l'Express *par Robert Fiess, Jacqueline Rémy, Jean-V. Manevy*

Notes culturelles

Le Midi is the general term for all of southern France. The residents *(Méridionaux)* are known for their zest for life and their regional accent.

La pétanque is a popular outdoor game played mostly in southern France. It is also known as *jeu de boules* and is similar to the Italian game of *bocci.*

LA PÉTANQUE

Compréhension du texte

Indicate whether the following statements are true or false. Reword the statement if it is false.

1. La distraction favorite des Français est d'aller au café.
2. Les hommes font plus souvent la cuisine que les femmes.
3. La promenade est plus populaire dans le Nord que dans le reste de la France.
4. Pendant leur temps libre, les gens du Midi adorent jouer à la pétanque.
5. Lyon est la ville la plus sportive de France.
6. Les habitants de Grenoble continuent à faire du sport même quand ils sont assez âgés.
7. Ce sont surtout les personnes âgées qui fréquentent les cinémas.
8. Les cafés ont de plus en plus d'importance dans la vie sociale des Français.

Aide-Communication

When talking about leisure activities, the following expressions are useful:

bricoler	to make minor repairs, to putter
tricoter	to knit
faire de la couture	to sew
faire du crochet	to crochet
faire du jardinage	to garden
faire des courses dans les magasins	to go shopping
faire des mots croisés	to work crossword puzzles
faire de la peinture	to paint
faire du dessin	to draw
s'occuper de sa maison (son jardin, ses plantes)	to take care of one's house (one's garden, one's plants)
collectionner les timbres (les pièces de monnaie)	to collect stamps (coins)
aller à la chasse	to go hunting
aller à la pêche	to go fishing
jouer aux cartes	to play cards
jouer du piano (du violon, de la guitare)	to play the piano (the violin, the guitar)

Using the list above, tell which activities you enjoy and which you do not enjoy in your free time.

EXEMPLES: *Pendant mon temps libre, j'aime faire de la peinture.*
Moi, je ne collectionne pas les timbres, mais je collectionne les petites autos.

ACTIVITÉS

A. Êtes-vous d'accord?

Do you agree with the following statements? If you disagree, reword the statement to express your opinion.

1. Les Américains sont moins sportifs que les Français.
2. La distraction favorite des Américains est de regarder la télévision.
3. Les habitants du Midwest sont des fanatiques du football.
4. Les jeunes Américains lisent beaucoup.
5. C'est à San Francisco qu'on peut voir les meilleurs films.
6. Une des distractions favorites des jeunes Américains est de passer le dimanche avec leur famille.
7. Les Américains aiment le football parce que c'est un sport brutal et compétitif.
8. La chasse et la pêche sont les distractions favorites des habitants de New York.
9. Le bridge est le jeu de cartes le plus populaire aux États-Unis.
10. Les Américains aiment passer leur temps au café.
11. Une des distractions favorites des Américains est de dîner au restaurant.
12. Pour les Américains, l'auto n'est pas une distraction, c'est une nécessité.

B. Vous et votre temps libre

Listed below are some possible leisure activities. Using the scale below, indicate, in the column on the left (or on a separate sheet of paper), how often you actually do each of these activities. In the column on the right, indicate how often you would like to do them. After you have finished, compare the totals and see if you are satisfied with the organization of your free time.

0	1	2	3	4
jamais	rarement	quelquefois	souvent	très souvent

Situation réelle	**Activité**	**Situation idéale**
___	**1.** Je vais me promener.	___
___	**2.** Je fais du dessin ou de la peinture.	___
___	**3.** Je sors avec mes amis.	___
___	**4.** Je regarde la télévision.	___
___	**5.** Je fais du sport.	___
___	**6.** Je vais voir des compétitions sportives.	___
___	**7.** Je vais au cinéma ou au théâtre.	___
___	**8.** Je lis.	___
___	**9.** Je vais au concert.	___
___	**10.** J'écoute de la musique.	___
___	**11.** J'écris des lettres.	___
___	**12.** Je m'occupe de mes plantes.	___
___	**13.** Je fais du camping.	___
___	**14.** Je joue aux cartes.	___
___	**15.** Je joue d'un instrument de musique.	___
___	**16.** ?	___
___**Total**		___**Total**

Êtes-vous satisfait (e) de l'organisation de votre temps libre?

C. On ne fait pas toujours la même chose!

What do you like to do in the following situations? Complete the following sentences.

1. Quand je suis à la maison, je ...
2. Quand je sors, je ...
3. Pendant les vacances, je ...
4. Le samedi soir, je ...
5. En été quand il fait beau, je ...
6. Quand j'ai du temps libre, je ...
7. Quand il fait mauvais, je ...
8. Le dimanche après-midi, je ...
9. Après l'école, je ...
10. Pendant la semaine, je ...

D. Et eux?

What do Americans do in their free time? To answer this question, you may want to ...

a) Use the questionnaire provided by *l'Express* to ask other people in your school or your community what they do during their free time.
b) Ask the same questions of your parents and people of their age and compare their answers with the results of the original survey conducted by *l'Express.*
c) Take the survey as a class and see how your answers compare to those of the French people who participated in the original survey.

chapitre quinze

L'Amour du danger

Nous sommes en 1859. Un homme arrive à Niagara. Il vient d'Hesdin, en France. Son vrai nom est Jean-François Gravelin, mais tout le monde l'appelle Blondin. On sait qu'il est acrobate, mais tout le monde pense qu'il est fou° quand il annonce qu'il va traverser° les chutes du Niagara sur une corde.° Pourtant, c'est ce qu'il va faire.

Equipé d'un balancier° de 11 mètres, Blondin commence la traversée de 450 mètres. Les spectateurs attendent avec anxiété. Mais Blondin avance avec facilité. Quand il arrive au milieu° il se met à genoux° sur la corde. Les spectateurs tremblent de peur. Puis, il se couche sur la corde et fait semblant° de dormir. Les spectateurs sont fous d'admiration!

crazy/cross
rope
balancing-pole
middle
gets on his knees
pretends

Blondin est revenu plusieurs fois à Niagara et il a refait de nombreuses traversées. Une fois, il a même porté un poêle° de dix kilos jusqu'au milieu. Arrivé là, il a fait une omelette et l'a mangée. Une autre fois, il a placé une chaise° sur la corde et il s'est assis dessus.° Une autre fois, il a fait la traversée sur des échasses.° Un jour, il a même essayé de porter son manager, Harry Colcord, sur ses épaules.° Mais au milieu, il a été obligé de s'arrêter et de demander à Harry de descendre. Après quelques minutes, il a repris Harry sur ses épaules et il est reparti. Sept fois Blondin a été obligé de s'arrêter, mais les deux hommes sont arrivés de l'autre côté sains et saufs°.

stove
chair
sat on it/stilts
shoulders
safe and sound

Extrait et adapté de Canada D'Aujourd'hui

Notes culturelles

Blondin represents a more modern version of French adventurers attracted by the natural beauties of Canada. In the 17th century, French explorers (Jacques Cartier, Samuel de Champlain, le Marquis de Montcalm) came to Canada to explore its uncharted territories, establish trade and fur routes, found cities, and claim large portions of the Canadian wilderness for the kings of France. The map on the following page shows some of the interesting exploits of these early French explorers.

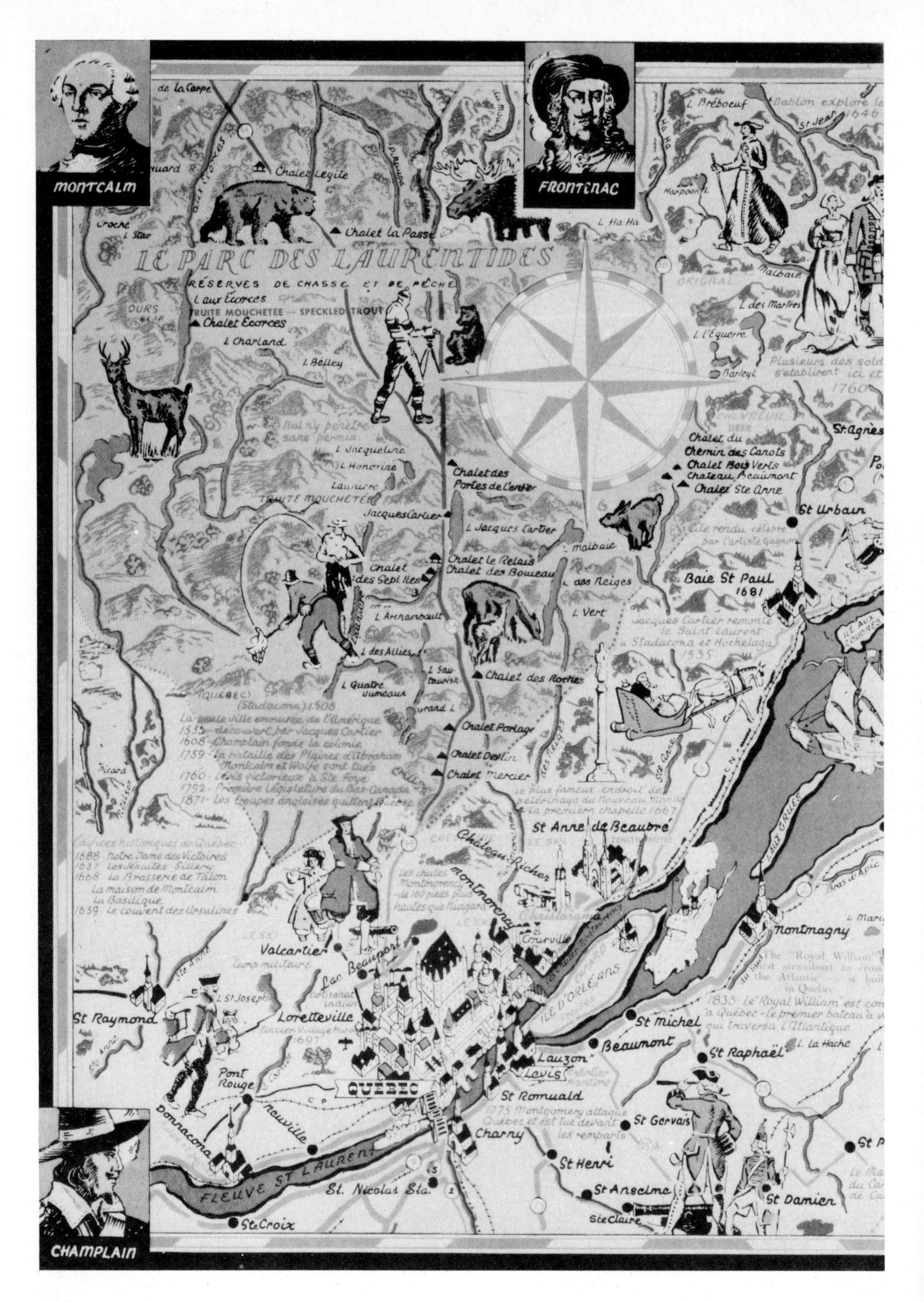
MONTCALM
FRONTENAC
CHAMPLAIN
LE PARC DES LAURENTIDES
RÉSERVES DE CHASSE ET DE PÊCHE
TRUITE MOUCHETEE — SPECKLED TROUT
Chalet Legile
Chalet la Passe
Chalet Écorces
Chalet des Portes de l'enfer
Chalet le Relais
Chalet des Bouleaux
Chalet des Roches
Chalet Portage
Chalet Mercier
Chalet du Chemin des Carols
Chalet Bois Verts
Chateau Beaumont
Chalet Ste Anne
St Urbain
Baie St Paul 1681
St Agnès
Jacques Cartier remonte le Saint Laurent à Stadacona et Hochelaga 1535
Plusieurs des soldats s'établirent ici et 1760
St Anne de Beaupré
Château Richer
Montmorency
Les chutes Montmorency de 100 pieds plus hautes que Niagara
QUEBEC (Stadacona) 1608
La seule ville emmurée de l'Amérique
1535 - découvert par Jacques Cartier
1608 - Champlain fonde la colonie
1759 - La bataille des Plaines d'Abraham Montcalm et Wolfe sont tués
1760 - Lévis victorieux à Ste Foye
1792 - Première Législature du Bas-Canada
1871 - Les troupes anglaises quittent Québec
Édifices historiques de Québec
1688 - Notre Dame des Victoires
1637 - Les Jésuites Sillery
1668 - La Brasserie de Talon
La maison de Montcalm
La Basilique
1639 - Le couvent des Ursulines
Valcartier
Camp militaire
Lac Beauport
Loretteville
Ancien Village Huron 1697
St Raymond
Pont Rouge
Neuville
Donnacona
QUÉBEC
Lévis
Lauzon
St Romuald
Charny
1775 Montgomery attaque Québec et est tué devant les remparts
St Michel
Beaumont
St Raphaël
St Gervais
St Henri
St Anselme
Ste Claire
St Damien
Montmagny
1833 - Le "Royal William" est construit à Québec - le premier bateau à vapeur qui traversa l'Atlantique
ILE D'ORLÉANS
FLEUVE ST LAURENT
St. Nicolas Sta.
Ste Croix
L. Jacques Cartier
L. Archambault
L. des Neiges
L. Vert
L. Ha Ha
L. Brébeuf
Malbaie

Compréhension du texte

1. Qui est Blondin?
2. Pourquoi les gens pensent-ils que Blondin est fou?
3. En quelle année a-t-il fait la première traversée des chutes du Niagara?
4. Quelle est la longueur de la traversée?
5. Qu'a-t-il fait pour impressionner les spectateurs?
6. Est-ce qu'il a fait une seule traversée des chutes du Niagara?
7. À votre avis, quelle a été sa traversée la plus spectaculaire?
8. Qu'est-ce qui est arrivé quand il a essayé de faire la traversée avec son manager sur les épaules?
9. Est-ce qu'ils ont finalement réussi?

Aide-Communication

To express the idea of doing something again, one often uses the prefix *re-* before the verb.

faire ⟶ refaire
commencer ⟶ recommencer
venir ⟶ revenir
partir ⟶ repartir
lire ⟶ relire

How would you indicate that Blondin is doing the following things for the second time?

EXEMPLE: Blondin vient à Niagara.
⟶ *Blondin revient à Niagara.*

1. Il fait la traversée.
2. Il commence à marcher sur la corde.
3. Il se met à genoux sur la corde.
4. Il monte sur la chaise.
5. Il prend Harry sur ses épaules.
6. Il demande à son manager de descendre.
7. Blondin va partir.

ACTIVITÉS

A. Connaissez-vous le Canada?

How much do you know about Canada? Try to answer the following questions.

1. Quelle est la population du Canada ?
   - **a.** vingt-quatre millions
   - **b.** dix-huit millions
   - **c.** six millions

2. Combien de Canadiens français y a-t-il ?
   - **a.** deux millions
   - **b.** huit millions
   - **c.** vingt-deux millions

3. Quelle est la capitale du Canada ?
   - **a.** Toronto
   - **b.** Ottawa
   - **c.** Vancouver

4. Quelle est la capitale du Canada français ?
   - **a.** Montréal
   - **b.** Victoria
   - **c.** Québec

5. Combien de provinces y a-t-il au Canada ?
   - **a.** huit
   - **b.** dix
   - **c.** douze

L'ÎLE SAINTE-HÉLÈNE À MONTRÉAL

UN CONCERT SUR LA PLACE ROYALE, QUÉBEC

QUÉBEC

6. Quel est le sport national du Canada ?
  a. le base-ball
  b. le football
  c. le hockey

7. Quel est le nom du premier explorateur français du Canada ?
  a. Samuel de Champlain
  b. Jean Cabot
  c. Jacques Cartier

8. *Marie Chapdelaine* est un livre qui décrit la vie des pionniers canadiens français. Quel est le nom de son auteur ?
  a. Louis Hémon
  b. Le Marquis de Montcalm
  c. Pierre Trudeau

9. Vous pouvez peut-être écouter Radio-Canada. Quelle est sa bande de fréquence la plus accessible ?
  a. 860 KHz
  b. 1640 KHz
  c. 520 KHz

0. Quelle est, après Paris, la plus grande ville du monde où on parle français ?
  a. Montréal
  b. Marseille
  c. La Nouvelle-Orléans

1. Comment s'appelle la province canadienne où il y a le plus grand nombre de Canadiens français ?
  a. l'Ontario
  b. la Colombie britannique
  c. le Québec

RÉPONSES :

1. a; 2. b; 3. b; 4. c; 5. b; 6. c; 7. c; 8. a; 9. a; 10. a; 11. c

B. Aimez-vous flirter avec le danger?

Which of the following activities do you prefer? Can you tell from your preferences whether or not you are a person who likes to take risks? You may answer these questions yourself or use them to interview another person.

1. Est-ce que vous préférez faire du parachutisme ou une promenade à bicyclette ?
2. Est-ce que vous préférez explorer la jungle ou visiter un jardin zoologique pour voir les animaux sauvages ?
3. Est-ce que vous préférez voyager en train ou faire de l'auto-stop ?
4. Est-ce que vous préférez la cuisine américaine ou la cuisine d'un pays étranger ?
5. Est-ce que vous préférez une grande auto confortable et solide ou une petite voiture de sport comme la Porsche, par exemple ?
6. Est-ce que vous faites des promenades seul(e) le soir ou est-ce que vous sortez toujours en groupe ?
7. Est-ce que vous préférez pratiquer un sport ou être spectateur ?
8. Est-ce que vous préférez faire du camping ou rester dans un hôtel ?
9. En général, est-ce que vous acceptez ou refusez de sortir avec quelqu'un que vous ne connaissez pas ?
10. Est-ce que vous étudiez tous les jours ou juste avant l'examen ?

C. Les merveilles du monde

Les chutes du Niagara, one of the wonders of the world, attracts visitors from all over the world. Imagine that you have the money and the time to visit one of the following places. Which one would you choose? Use the following questions to make your plans.

1. Quelle « merveille du monde » allez-vous choisir?

2. Comment allez-vous voyager?

3. Quels bagages allez-vous choisir?

4. Quels objets vont être absolument nécessaires?

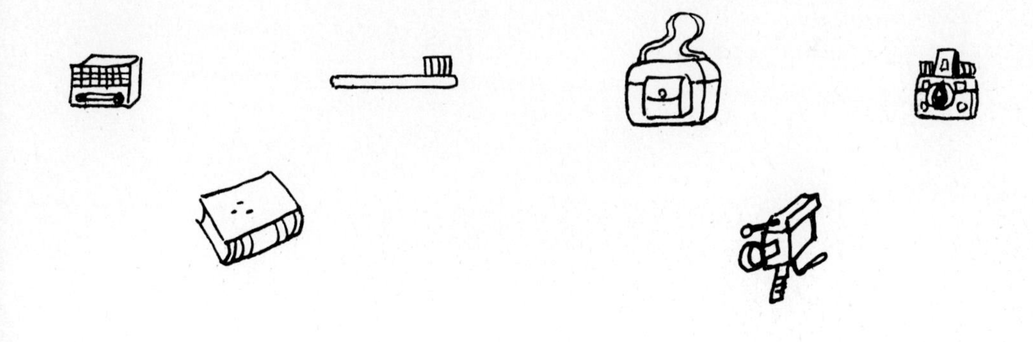

5. Avec qui allez-vous voyager?

D. Blondin et Harry

1. *Blondin is having a hard time convincing Harry to cross the falls on his shoulders. What are some of the things that Blondin might say to try to persuade him?*

EXEMPLES: *Aide-moi, Harry! J'ai besoin de toi.*
—Les spectateurs vont être fous d'admiration!

2. *Imagine some of the things that Harry might have said to Blondin as they were crossing the falls.*

EXEMPLES: *Je ne vais pas remonter—tu es fou!*
—Blondin, je suis ton manager, pas un acrobate!

Vocabulaire

The vocabulary contains all words that appear in the text except articles and identical cognates. Irregular verbs and noun plurals are included, as are irregular feminine forms of adjectives.

Abbreviations

adj.	adjective
cond.	conditional
f.	feminine
fut.	future
imp.	imperative
m.	masculine
part.	participle
pl.	plural
pp.	past participle
pres.	present

A

a, ai, as (*pres of* **avoir**) have, has; **il y a** there is, there are
à at, in, to; **— bicyclette** on a bicycle; **— cause de** because of; **— ce sujet** about this; **— l'aise** at ease; **— mi-temps** part time; **— pied** on foot
abolir to abolish
abord : d'— first, at first
absolument absolutely
accepter to accept
accord : être d'— to agree
accorder to grant
accuser to accuse
acheter to buy
activité *f* activity
adapter to adapt
addition *f* check, bill
additionner to add up
adjectif *m* adjective
admettre to admit
administrateur *m* administrator
admirer to admire
adorer to like, adore
adresse *f* address
adulte *m f* adult
aéroport *m* airport
affecter to affect
affectueux, affectueuse affectionate
Afrique *f* Africa
âge *m* age; **à votre —** at your age
âgé old
agence *f* agency, bureau; **— de voyage** travel bureau; **— matrimoniale** dating service
agent (de police) *m* police officer
agréable pleasant, nice
agressif, agressive aggressive
aider to help, aid
aimer to like, love
aise *f* ease; **mal à l'—** ill at ease, uncomfortable
alarmant alarming
alcoolique *m f* alcoholic
algèbre *f* algebra
Algérie *f* Algeria
aliment *m* food, food product
alimentation *f* food, nourishment
Allemagne *f* Germany
allemand German
aller to go; **— à la pêche** to go fishing; **— à pied** to walk; **— en classe** to go to class; **comment allez-vous?** how are you ?; **je vais bien** I'm fine
allocation *f*: **les —s familiales** subsidies provided by the government to families with children
alors then
Alpes *f* Alps
ambassade *f* embassy
ambitieux, ambitieuse ambitious
américain American
ami, amie friend
amusant funny, amusing
amuser entertain; **s'—** to have fun
an *m* year; **à vingt —s** at the age of twenty; **avoir vingt —s** to be twenty; **depuis un —** for a year
analyse *f* analysis
analyser to analyze
ancêtre *m f* ancestor
anglais English
Angleterre *f* England
animal (*pl* **animaux**) *m* animal
année *f* year
anthropologie *f* anthropology
anxiété *f* worry, anxiety
anxieux, anxieuse worried
appareil photo *m* camera
appartement *m* apartment
appeler to call, name
apporter to bring
apprécier to appreciate
apprendre to learn
apprenti *m* apprentice
approximativement approximately
après after
après-midi *m* afternoon
arabe *m* Arabic
arbitre *m* referee
arbitrer to referee
archéologie *f* archeology
argent *m* money
armée *f* army
arrestation *f* arrest
arrêt *m* stop
arrêter to stop, arrest; **s'—** to stop
arrivée *f* arrival
arriver to arrive
artiste *m f* artist
artistique artistic
aspirine *f* aspirin
assembler to assemble
assez enough, rather; **j'en ai —!** I've had it!
assis seated; **il s'est assis** he sat down
assister to attend
assurer to assure, insure
astronautique *f* space travel, aerospace industry
athlète *m f* athlete
attacher to attach, fasten
attaquer to attack
attendre to wait
attention *f* watch out!, attention
attentivement carefully, attentively
attirer to draw, attract
attribuer to attribute
au to, in; **— cours de** during; **— minimum** at least; **— revoir** good-bye; **— téléphone** on the telephone
augmentation *f* increase
aujourd'hui today
aussi too, also; **—... que** as . . . as
autant as much, as many
auteur *m* author
auto *f* car, auto; **en —** by car; **se promener en —** to go for a ride
autobus *m* bus (*city*)
autocar *m* bus (*between cities*)
automobiliste *m f* driver
autoritaire authoritarian, bossy
autoroute *f* highway, freeway
autre other, another; **— chose** something else
aux to, in, with; **— cheveux longs** with long hair; **— États-Unis** in, to the United States
avant (de) before
avantage *m* advantage

avec with
aventure *f* adventure
avion *m* airplane; **en —** by plane
avis *m* opinion; **à mon —** in my opinion
avoir to have; **— l'air fatigué** to look tired **— besoin (de)** to need; **— de la chance** to be lucky; **— envie de** to feel like; **— faim** to be hungry; **— froid** to be cold; **— mal** to have a pain, ache; **— peur** to be afraid; **— raison** to be right; **— soif** to be thirsty; **— sommeil** to be sleepy

B

baccalauréat *m* school leaving certificate
bagages *m pl* luggage, baggage
balancier *m* balancing pole
ballon *m* a large ball; balloon
bande *f* band, strip; **une — dessinée** cartoon
banque *f* bank
baser to base
bat (*pres of* **battre**) beats
bateau *m* boat, ship; **en —** by ship
bâtiment *m* building; **peintre en —** *m* house painter
battre to beat
beau beautiful; **Il fait —.** the weather is nice.
beaucoup much, many, a lot
beauté *f* beauty
bébé *m* baby
Belgique *f* Belgium
belle *f* beautiful
béret *m* beret
besoin *m* need; **avoir — de** to need
bête stupid
bibliothèque *f* library
bicyclette *f* bicycle; **faire de la —** to go bicycle riding
bien well, very, quite; **— sûr** of course; **eh —** well, so
bientôt soon
bilingue bilingual
biographique biographical
biologie *f* biology
blanc, blanche white
bleu blue
boire to drink
boisson *f* drink
bon, bonne good; **Bon voyage.** Have a nice trip.
bonbon *m* candy
bonjour hello
bourse *f* scholarship; purse
boutique *f* shop, store
boxe *f* boxing
branche *f* branch
bref brief
Brésil *m* Brazil
bricolage *m* odd jobs done around the house
bricoler to do odd jobs around the house, putter
britannique British
broderie *f* embroidery
brosse *f* brush; **— à dents** toothbrush
bruit *m* noise
Bruxelles Brussels
bureau *m* office; desk
but *m* aim, goal; **gardien de —** *m* goalee
buvez (*pres of* **boire**) drink

C

ça (cela) that, it
cacher to hide
café *m* café, coffee
le Caire Cairo
caisse d'épargne *f* savings bank
calcul *m* calculation
calculer to calculate; **machine à —** adding machine
calme *m* calm, quiet
calmer to calm
camarade *m f* friend, pal; **— de chambre** roommate
campagne *f* country
camper to camp
campeur *m* camper
camping *m* camping, campground; **faire du —** to camp; **terrain de —** campground
canadien, canadienne Canadian
candidat(e) candidate
capitaine *m* captain
capitale *f* capital
capitaliste capitalistic
car *m* bus (between cities)
caractère *m* personality, temperament
caractéristique *f* trait, characteristic
carrière *f* career
carte *f* map, card; **jouer aux —s** to play cards
cas *m* case, instance; **en tout —** at any rate
catastrophe *f* catastrophe
catholicisme *m* catholicism
cause *f* cause; **à — de** because of
causer to cause, chat
ce *m* (*before a vowel or mute* **h, cet) cette** *f*, **ces** *pl* this, that, these, those; **ce... -ci** this; **ce... -là** that; **ce que** (*object*) what, which; **ce qui** (*subject*) what, which
cela that
célèbre famous
celle, celles *f* the one, ones
celui, ceux *m* the one, ones
cent hundred
centre *m* center
cérémonie *f* ceremony
certainement certainly
ces *m f pl* these, those
cesse : sans — continuously
cesser to stop
cet *m* this, that
cette *f* this, that
ceux *m pl* these, those
chacun *m* each, each one
chagrin *m* sorrow, sadness
chaîne *f* chain; **— stéréophonique** *f* stereo (set)
chaise *f* chair
chambre *f* bedroom
chameau *m* camel
chance *f* luck; **avoir de la —** to be lucky
changement *m* change
changer to change, exchange
chapitre *m* chapter
chaque each, every
charbon *m* coal
charlatan *m* charlatan, quack

chasse *f* hunting; **fusil de —** *m* hunting rifle
chasser to chase, hunt
château *m* castle, chateau
chaud hot, warm; **il fait —** it's hot (*weather*); **j'ai —** I am warm
chauffeur *m* driver
chef *m* head, leader; **— d'état** chief of state
cher, chère expensive, dear
chercher to look for
cheval (*pl* **chevaux**) *m* horse; **faire du —** to go horseback riding
cheveux *m pl* hair
chez to (at) the house of, to (at) the place of, to (at) the business of
chien *m* dog; **— de garde** watchdog
chimie *f* chemistry
chimique chemical
Chine *f* China
chinois, chinoise Chinese
choisir to choose
choix *m* choice
chose *f* thing; **autre —** something else; **quelque —** something
chute *f* fall
ciel *m* sky
cinéma *m* movies, movie theater
cinq five
cinquante fifty
cinquième fifth
civilisation *f* civilization
civiliser to civilize
civique civic; **l'instruction —** civics
classe *f* class
classique classical
clémence *f* clemency, leniency
client *m* customer
climat *m* climate
code *m* **: — de la route** traffic regulations
cœur *m* heart
collaborer to collaborate
collectionner to collect, save
colère *f* anger
collègue *m f* colleague
Colombie Britannique *f* British Columbia
combattre to combat, fight
combien how much, how many
comité *m* committee
comme like, as, how, as if; **— dessert** for dessert
commencer to begin
comment how, what?
commentaire *m* comment, note
commerce *m* business, trade
commun common, ordinary
communiquer to communicate
compagnie *f* company
compétitif, compétitive competitive
complet *m* suit (of clothes)
complet, complète complete; **à temps complet** full-time
complexité complexity
compliqué complicated
composition *f* composition, term paper
comprendre to understand
compris (*pp of* **comprendre**) understood, included
compter to count
concentrer to concentrate
concerner to concern; **en ce qui concerne** concerning
condamnation *f* conviction
conférence *f* lecture
confiance *f* confidence
confié entrusted
confirmer to confirm
confort *m* comfort
confortable comfortable
connaissance *f* acquaintance; *pl* knowledge; **faire la — de** to meet
connaître to know, be acquainted with
conscient aware, conscious
conscientieux, conscientieuse conscientious
conservateur, conservatrice conservative
considérablement considerably
considérer to consider
consommateur *m* consumer
consommation *f* consumption, use
consommer to consume, use
consulter to consult
content happy, glad, pleased
contexte *m* context
continuer to continue
contrairement contrary
contrat *m* contract
contre against; **par —** on the other hand
contrôler to control
contrôleur *m* ticket collector (on a train)
converti *m* disciple, convert
copain *m* friend, pal
corde *f* cord, rope
correspondre to correspond
côte *f* coast; **la C— d'Azur** the French Riviera
côté *m* side; **de —** aside
couleur *f* color
coup *m* blow, shot; **— d'envoi** kickoff; **— de pied** kick; **— de tête** header; **— franc** free kick
courageux, courageuse brave, courageous
cours *m* class, course; **au — de** during, in the course of
course *f* race
coûter to cost
coutume *f* custom, habit
couture *f* sewing
créateur, créatrice creative
cri *m* cry, shout
criminalité *f* crime, criminality
crise *f* crisis; **— de l'énergie** energy crisis
critique *m* critic; *f* criticism
croire to believe, think
cuisine *f* food, cuisine, kitchen; **faire la —** to cook
cultiver to cultivate
culturel, culturelle cultural
curieux, curieuse curious
cyclable : piste — *f* bicycle path, track

D

d'accord : être — to agree
Danemark *m* Denmark
dangereux, dangereuse dangerous
dans in, into, within
danse *f* dance
de of, from, by, in, (*as partitive*) some, any

décembre *m* December
décentralisation *f* decentralization
déception *f* disappointment
décider to decide
décision *f* decision; **prendre une —** to make a decision
déclarer to state, declare
déclin *m* decline
décor *m* decor, setting
découragement *m* discouragement
décourager to discourage
découvrir to discover
décrire to describe
défaite *f* defeat
défendre to defend
définitif, définitive final, definitive
degré *m* degree, amount
déjà already
déjeuner *m* lunch; **petit —** breakfast
délicat delicate, touchy
délinquance *f* crime, delinquency; **grande —** serious crime; **petite —** petty crime
demain tomorrow
demande *f* request; **sur —** upon request
demander to ask
démocratique democratic
démoralisant demoralizing
dent *f* tooth
dentiste *m* dentist
dépendre to depend
dépenser to spend; **être dépensier** to be a big spender
depuis since, for, after, from; **— deux ans** for two years; **— quand ?** (for) how long?; **— votre arrivée** since your arrival
dernier, dernière last, most recent
derrière behind
des some, any, from, of
désagréable unpleasant
désavantage *m* disadvantage
descendre to descend, go down, come down
descente *f* descent, drop
désert deserted
désirer to desire, wish, want
désorde *m* disorder
dessin *m* drawing
dessiné : bandes dessinées *f pl* cartoons
dessiner to draw, sketch
dessus above, over, on it
détaillé detailed
détente *f* relaxation
déterminer to determine
deux two; **tous les — jours** every other day
deuxième second
devant in front of, before
développer to develop
devenir to become
dévorer to devour
diagnostic *m* diagnosis
Dieu *m* God
difficile hard, difficult
difficulté *f* difficulty
dimanche *m* Sunday
diminuer to lessen, diminish
dîner *m* supper, dinner
dîner to dine, eat dinner
diplomate diplomatic
dire to say, tell
directement directly
directeur *m* director
discret, discrète discreet
discuter to discuss
disparaître to disappear
disposition *f* disposal
disque *m* record
distinguer to distinguish
distraction *f* leisure-time activity, amusement, distraction
distribuer to pass out, distribute
diviser to divide
dix ten
docteur *m* doctor
documenter to document
doit (*pres of* **devoir**) must, is to, has to
domaine *m* domain, area
domestique domestic, tame; **animaux —s** *m pl* pets
dominateur, dominatrice dominating
donc then, so, therefore
donner to give
dormir to sleep
dos *m* back
doute *m* doubt; **sans —** probably
douze twelve
dramatiser to dramatize, exaggerate
drogue *f* drug, drugs
du some, any, from, of
dur hard; **travailler —** to work hard

E

eau *f* water
échange *m* exchange
échasse *f* stilt
école *f* school
économe economical, thrifty
économie *f* economy, *pl* savings; **faire des —s** to save money
économique economical, economic
économiser to save money, time
écouter to listen
écran *m* screen
écrire to write
éditeur *m* editor
éducation *f* up-bringing, education
éducateur, éducatrice educator, school teacher
éduquer to educate
effectuer to do, accomplish
également equally
église *f* church
égoïste egotistic, selfish
Égypte *f* Egypt
égyptien, égyptienne Egyptian
eh bien well, so
électricien *m* electrician
électricité *f* electricity
électrique *f* electric
élève *m f* pupil, student
éliminer to eliminate
elle *f* she, it, her; **—-même** herself
elles *f pl* they, them
embrasser to kiss
empereur *m* emperor
emplacement *m* site, spot
employé *m* employee
emporter to carry away
emprisonnement *m* imprisonment; **— à vie** life imprisonment
en in, into, as a, made of, of it, of them, some, any; **— cas de nécessité** if need be; —

réalité actually, really; — **tout cas** at any rate; — **vacances** on vacation; — **ville** downtown; — **vogue** popular
encore still, yet, even; — **une fois** once again
encourageant encouraging
encourager to encourage
énergique energetic
enfance *f* childhood
enfant *m f* child
enfin finally, at last, after all
ennemi *m* enemy
ennuyer to bore, annoy; **s'** — to be bored
ensemble together
ensuite next, then
entendre to hear
enthousiaste enthusiastic
entier, entière entire, whole
entraîneur *m* coach
entre between, among
enveloppe *f* envelope
envoyer to send
épaule *f* shoulder
épicerie *f* grocery store
époque *f* time, period
équipe *f* team
équipement *m* equipment
équitablement fairly, equally
es (*pres of* **être**) are
espace *m* space
Espagne *f* Spain
espagnol *m* Spanish
esprit *m* mind, spirit; **venir à l'**— to come to mind
essai *m* essay, attempt
essayer to try
est (*pres of* **être**) is
et and
établir to establish, set up
États-Unis *m pl* United States
été *m* summer; **en** — in the summer
étonnant surprising, astonishing
étranger, étrangère foreign, foreigner
être to be; being (*as a noun*)
étude *f* study; **faire des —s** to study
étudiant, étudiante student
étudier to study
européen, européenne European
événement *m* event
exagérer to exaggerate
examen *m* test, exam; — **médical** check-up
excepté except, with the exception of
exceptionnellement exceptionally
excessivement excessively
exemple *m* example
exercice *m* exercise
exil *m* exile
exister to exist
exotique exotic
expérience *f* experiment, experience
explication *f* explanation
expliquer to explain
explorateur *m* explorer
explorer to explore
expressif, expressive expressive
exprimer to express
extrait extract, excerpt
extraordinaire extraordinary

F

fabrication *f* manufacture, construction
fabriquer to manufacture, make
fabuleux, fabuleuse fabulous
facile easy
facilement easily
facilité *f* facility, ease
façon *f* way, manner
facultatif, facultative elective
faculté *f* faculty, ability
faire (**fais, fait, font**) to do, make; — **attention** to pay attention; — **de l'autostop** to hitchhike; — **de la bicyclette** to go bicycle riding; — **du camping** to camp; — **la chambre** to clean one's room; — **chaud** to be hot (weather); — **du cheval** to go horseback riding; — **la connaissance de** to meet; — **des courses** to go shopping; — **la cuisine** to cook; — **des économies** to save money, — **des études** to study; — **froid** to be cold (weather); — **la lessive** to do the laundry; — **son lit** to make one's bed; — **le marché** to do the shopping; — **mauvais** to be bad weather; — **le ménage** to do the house cleaning; — **une promenade** to take a walk; — **semblant** pretend; — **la vaisselle** to do the dishes; — **un voyage** to take a trip
familial *adj* family
famille *f* family
fanatique fanatic
fantastique fantastic
fantôme *m* ghost
fascinant fascinating
fasciner to fascinate
fatigant tiring
fatiguer to fatigue, tire
faut (*pres of* **falloir**) is necessary
faute *f* mistake, error
faveur *f* favor; **en** — in favor
favori, favorite favorite
femme *f* woman, wife
fermer to close, shut
fête *f* festival, holiday
filet *m* net
fille *f* daughter, girl; **jeune** — girl
fixement : regarder — to stare (at)
Floride *f* Florida
fois *f* time; **encore une** — again, once more; **une** — **par jour** once a day
fonction *f* function, job
fonctionner to run, work, function
fond : bruit de — *m* background noise
fonder to found
font (*pres of* **faire**) do, make
football *m* soccer, football
footballeur *m* soccer player, football player
force *f* force, strength
forcer to force, make, oblige
forêt *f* forest
forme *f* form, kind
former to form
formidable great, terrific
formule *f* formula, expression
fou, folle crazy, mad

frais *m pl* costs, fee
franc *m* franc
franc : coup — *m* free kick
français French
fréquemment frequently
fréquence *f* frequency
fréquenter to frequent, go often
frère *m* brother
froid *m* cold; **faire —** to be cold (*weather*)
frontière *f* border
furieux, furieuse furious, mad
fusée *f* rocket
fusil *m* rifle; **— de chasse** hunting rifle
futur *m* future

G

gagner to win, earn
gai happy
gaieté *f* gaiety, cheerfulness
garagiste *m* mechanic, service-station owner
garantie *f* guarantee
garçon *m* boy, waiter
garde : chien de — *m* watchdog
garder to keep, hold
gardien *m* keeper; **— de but** goalee
gare *f* railway station
gaspiller to waste
gaz *m* gas
général general; **en —** in general, generally
généralement generally
génie *m* genius
genou *m* knee
gens *m f pl* people, persons; **jeunes —** young people, young men
gentil, gentille nice, kind
géographie *f* geography
géométrie *f* geometry
geste *m* gesture; **faire des —s** to make gestures
gloire *f* glory
gouvernement *m* government
grâce : — à thanks to
gradin *m* stand, bleacher
grand big, large, great, important, tall
Grande-Bretagne *f* Great Britain
grec, grecque Greek
Grenoblois *m* inhabitant of Grenoble
groupe *m* group
guerre *f* war
gymnastique *f* gymnastics, exercises

H

Words beginning with an aspirate **h** *are preceded by an asterisk.*

habiller to dress; **s'—** to get dressed
habitant *m* inhabitant
habiter to live, dwell, inhabit
habitude *f* habit, custom
habituellement habitually
***haut** high
***héros, héroïne** hero, heroine
hésitant *adj* hesitating
hésiter to hesitate
heure *f* hour, time (of day), o'clock; **à quelle —** at what time; **Quelle — est-il ?** What time is it?
heureusement fortunately, happily
histoire *f* story, history
historique historical
hiver *m* winter
***Hollande** *f* Holland
homme *m* man
horizontalement horizontally
horreur *f* horror; **J'ai — des insectes.** I hate bugs.
***hors : — jeu** out of play
hostilité *f* hostility
***huit** eight
humain human
humanité *f* humanity
humide wet, damp
humilité *f* humility
hypnotiser to hypnotize

I

ici here
idée *f* idea
identifier to identify
idole *f* idol
il *m* he, it; **— y a** there is (are), ago
ils *m pl* they
image *f* picture, image
imaginer to imagine
imiter to copy, imitate
immédiatement immediately
immuniser to immunize
impressionnant impressive
imprimer to print
improviste : à l'— unexpectedly
indien, indienne Indian
indiquer to indicate, show
individuel, individuelle individual
Indo-Chine *f* Indochina
industrialisé industrialized
industrie *f* industry
industriel, industrielle industrial
inférieur inferior, lower
infini infinite
influencer to influence
informé informed
ingénieur *m* engineer
inquiété worried, bothered; **inquiet** worried
inscrire to write down; **s'—** to register
insister to insist
inspecteur *m* inspector
inspirer to inspire
installer to install, set up, place
instantané instantaneous
instantanément instantly
intellectuel, intellectuelle intellectual
intéressant interesting
intéresser to interest; **s'—** to be interested in
intérêt *m* interest
intérieur interior, inside
interplanétaire interplanetary
intimidé : être — to be intimidated
intrigue *f* plot, story
inventer to invent
invité *m* guest
inviter to invite
irriter to irritate
isolé isolated, deserted
Italie *f* Italy

italien, italienne Italian
itinéraire *m* itinerary

J

jamais never, ever; **ne... —** never
Japon *m* Japan
japonais *m* Japanese
jardin *m* garden
jardinage *m* gardening
je I
jeu *m* game; **hors —** out of play; **les Jeux Olympiques** the Olympic Games; **terrain de —** *m* playing field
jeune young; **— fille** girl; **—s gens** young people, young men
joie *f* joy
joli pretty
jouer to play; **— au football** play soccer
joueur *m* player
jour *m* day; **deux fois par —** twice a day; **tous les —s** everyday
journal (*pl* journaux) *m* newspaper
journaliste *m f* journalist, reporter
journée *f* day
joyeux, joyeuse happy, cheerful
judaïsme Judaism
juge *m* judge
juger to judge
juillet *m* July
juste just, correct, right
justifié justified

K

kibboutz *m* kibbutz
kilomètre *m* kilometer

L

la the, it, her
là there
laboratoire *m* laboratory
lac *m* lake
laisser to leave, let, allow; **laissez-moi tranquille** leave me alone
lancement *m* shot, blast-off
langage *m* language
langue *f* language, tongue
lavabo *m* (bathroom) sink
le the, it, him
lecture *f* reading
législateur *m* legislator
légume *m* vegetable
les the, them
lettre *f* letter
leur their, (to) them
libéralisation *f* liberalization
libérer to liberate, free
liberté *f* freedom, liberty
libre free
lien *m* tie
limiter to limit
lire to read
liste *f* list
lit *m* bed; **faire son —** to make one's bed
littéraire literary
littérature *f* literature
livre *m* book
logique logical
loin far
Londres London
long, longue long
longtemps for a long time
lui (to, for) him, (to, for) her; **—-même** himself
lycée *m* French secondary school equivalent to the American high school and junior college
lycéen, lycéenne French *lycée* student

M

ma *f* my
machine *f* machine; **— à calculer** adding machine
magasin *m* store
magique magic
mai *m* May
maillot *m* T-shirt, jersey
main *f* hand
maintenant now
mais but
maison *f* house, home; **à la —** at home
majorité *f* majority
mal badly, poorly, ill; **— à l'aise** ill at ease
malade sick
malade *m f* patient, a sick person
maladie *f* sickness, illness
malgré despite
manger to eat
manipuler to manipulate
marché *m* market; **faire le —** to do the shopping
mari *m* husband
mariage *m* marriage
se marier to marry, get married
marquer to mark; **— un but** to score a goal
massé massed, crowded
match *m* game; **— de football** soccer, football game
matériel, matérielle material, physical
mathématicien, mathématicienne mathematician
mathématiques *f pl* mathematics
matin *m* morning; **tous les —s** every morning
matrimonial pertaining to marriage; **agence —e** *f* dating service
mauvais bad; **il fait —** the weather is bad
me (to) me, (to) myself
mécanisme *m* mechanism
mécontent dissatisfied, unhappy
médecin *m* doctor
meilleur best, better
mélancolie *f* sadness, melancholy
mélancolique sad, gloomy, melancholy
mélange *m* mixture
membre *m* member
même same, even; **soi-—** oneself; **vous-—** yourself
mémoire *f* memory
menacer to threaten
ménage *m*; **faire le —** to do the housework
ménagère *f* housewife

mentalement mentally
merci thank you
merveilleux, merveilleuse wonderful, admirable
mes my
mesure *f* measure; **dans quelle —** to what extent
méthode *f* method
méticuleux, méticuleuse meticulous
métier *m* trade, business, profession
mètre *m* meter
mettre to put
Mexique *m* Mexico
mi-temps *m* part-time
midi *m* noon; **le M—** the South (of France)
mieux better, best
migraine *f* headache, migraine
milieu *m* middle
militaire military
millier *m* thousand
mine *f* mine; **— de charbon** coal mine
mineur *m* miner
minoritaire minority
minorité *f* minority
minuscule minute, small
modéré moderate, reasonable
moderne modern
modernisme *m* modernism
modifier to modify
moi me, I; **—-même** myself
moins less, least; **— de** less than; **plus ou —** more or less
mois *m* month
mon *m* my
monarque *m* monarch
monde *m* world; **tout le —** everybody
monnaie *f* change, money; **pièce de —** *f* coin
monotone monotonous
monsieur (*pl* **messieurs**) *m* Mr., sir, gentlemen
montagne *f* mountain
monter to go up; **— sur** to get up on
montrer to show
moralité *f* morality
mot *m* word; **les —s croisés** *m pl* crossword puzzle
moto(cyclette) *f* motorcycle
moyen *m* means
moyenne *f* passing grade; average
musée *m* museum
musique *f* music
mystère *m* mystery
mystérieux, mystérieuse mysterious

N

naturel, naturelle natural
ne no, not; **—... jamais** never; **—... plus** no longer; **—... rien** nothing
nécessaire necessary
nécessairement necessarily
nécessité *f* necessity, need; **en cas de —** if need be
neuf nine
ni... ni neither . . . nor
Nil *m* the Nile
niveau *m* level; **— de vie** *m* standard of living
Noël *m* Christmas
nom *m* name; **— de famille** last name
nombre *m* number
nombreux, nombreuse numerous
non no
nord *m* north
Norvège *f* Norway
nos our
note *f* grade; note
noter to note, notice
notre our
nous we, (to) us
nouveau, nouvelle new
la Nouvelle-Orléans New Orleans
novembre *m* November
nucléaire nuclear
nuit *f* night
numéro *m* number

O

obéir to obey
objet *m* object
obligatoire required
obliger to oblige, force; **être obligé (e) de** to be obliged to, have to
observer to observe, notice
obtenir to obtain, get
occuper to occupy; **Je m'occupe de mon jardin.** I take care of my garden.
octobre *m* October
œil (*pl* **yeux**) *m* eye
offrir to offer
olympique olympic; **les Jeux Olympiques** the Olympic Games
on one, somebody, we, they, people
ont (*pres of* **avoir**) have
onze eleven
opposé opposite, opposed
optimiste optimistic
orchestre *m* band, orchestra
ordinaire ordinary
ordinateur *m* computer
ordre *m* order
organiser to organize
origine *f* origin
ou or; **ou... ou** either . . . or
où where
oublier to forget
ouest *m* west
oui yes
ouvert open
ouvrir to open

P

pacifique calm, peaceful
paix *f* peace
palais *m* palace
panique panic
par by, through; **— contre** on the other hand; **— exemple** for example; **— semaine** per week
parachutisme *m* parachuting, sky-diving
parapsychologie *f* parapsychology
parc *m* park
parce que because
parent *m* parent, relative
paresseux, paresseuse lazy
parisien, parisienne Parisian

parler to speak, talk
parole *f* word (spoken); **liberté sur — parole**
partager to share
partenaire *m f* partner
participer to participate, take part
particulier, particulière particular, special
particulièrement particularly
parti *m* party; **— politique** political party
partie *f* part
partir to leave, depart
pas not, no; **ne... —** not, no; **— de...** no . . . ; **— du tout** not at all
pas *m* step
passe *f* pass
passé *m* past
passeport *m* passport
passer to spend, pass; **se —** to occur, take place; **— son temps** to spend one's time
passe-temps *m* pastime
se passionner to be crazy about
patiemment patiently
patriotisme *m* patriotism
pauvre poor
payer to pay
pays *m* country, area
pêche *f* fishing; **aller à la —** to go fishing
pêcher to fish
peintre *m* painter; **— en bâtiment** house painter
pendant during, for; **— que** while
penser to think; **— à** to think of (about); **— de** to have an opinion about
pensif, pensive thoughtful, pensive
perdre to lose
père *m* father
période *f* period, time
permettre to allow, let, permit
persévérant presevering
personnage *m* character
personnalité *f* personality
personne *f* person
personnel, personnelle personal
persuader to persuade, convince
persuasif, persuasive persuasive
pétanque *f* a type of outdoor bowling popular in Southern France
petit small, little; **— déjeuner** *m* breakfast; **—e délinquance** *f* petty crime
pétrole *m* oil
peu little, a little, somewhat; **— à —** little by little; **— de...** little, few; **un —** a little
peur *f* fear; **avoir —** to be afraid
peut (*pres of* **pouvoir**) can
peut-être perhaps
peuvent (*pres of* **pouvoir**) can
peux (*pres of* **pouvoir**) can
pharaon *m* pharaoh
pharmacie *f* drugstore, pharmacy
phénomène *m* phenomenon
philosophie *f* philosophy
photographe *m* photographer
photographie *f* photography, photograph
photographier to photograph, take a picture
phrase *f* sentence
physique physical
pièce *f* room; **— de monnaie** coin; **— de théâtre** play
pied *m* foot; **aller (se promener) à —** to walk; **coup de —** *m* kick
pilote *m* pilot, driver
pique-nique *m* picnic
piste *f* track; **— cyclable** bicycle track
pittoresque picturesque
placer to place
plaisir *m* pleasure
plaît (*pres of* **plaire**) please; **s'il vous —** please
plan *m* plan, map
planète *f* planet
plante *f* plant
planter to plant
plat *m* dish
pleut (*pres of* **pleuvoir**) rains
pleuvoir to rain
plupart *f* most, majority
plus more, plus; **de — en —** more and more; **le —** (the) most; **ne... —** no longer; **non —** either, neither
plusieurs several
poche *f* pocket
poêle *m* stove
poème *m* poem
poésie *f* poetry
poisson *m* fish
policier, policière : intrigue policière *f* detective story (plot); **roman policier** *m* detective novel
politicien *m* politician
politique *f* politics, political; **hommes —s** *m* politicians
ponctuel, ponctuelle punctual
populaire popular
porter to wear
poser to place, put; **— une question** to ask a question
posséder to possess, own, have
possibilité *f* possibility
postal postal; **carte —e** *f* postcard
poste *m* job, position
pour for, in order to, on account of
pourboire *m* tip
pourcentage *m* percentage
pourquoi why
pourtant however
pousser to grow, push
pouvez (*pres of* **pouvoir**) can
pouvoir to be able, can
pouvoir *m* power
pratique practical
pratiquer to do, practice; **— un sport** to play a sport
précédent preceding
préférer to prefer
premier, première first
prend (*pres of* **prendre**) takes
prendre to take; **— des décisions** to make decisions; **— trois repas** to eat three meals
prenez (*pres of* **prendre**) take
préoccuper to preoccupy
préparer to prepare
près near, close; **— de** near, close (to)
présenter to present, introduce
préserver to preserve
presque almost, nearly
pressé in a hurry
prétendre to claim

preuve *f* proof
primitif, primitive primitive
privé private
prix *m* cost, price, value; **à tout —** at all costs
probablement probably
problème *m* problem
produire to produce
produit *m* product; **—s surgelés** frozen food
professeur *m* teacher, professor
professionnel, professionnelle professional
profond deep
programme *m* program, schedule
progrès *m* progress
progressivement progressively
projet *m* project, plan
promenade *f* walk; **faire une — (à pied)** to take a walk; **faire une — en voiture** to take a ride
se promener to take a walk; **— à pied** to take a walk; **— en auto** to go for a ride
promeneur *m* person going for a walk
promettre to promise
proposer to propose, suggest
propriété *f* property
protéger to protect
protestantisme *m* Protestantism
provoquer to provoke, trigger
prudent careful, prudent
psychiatre *m* psychiatrist
public, publique public
publicitaire : annonce — advertisement
publicité *f* advertising, publicity
publier to publish
puis then, afterwards, next
pullover *or* **pull** *m* sweater
pyramide *f* pyramid

Q

qualifié qualified
qualité *f* quality
quand when
quantité *f* quantity
quarante forty
quartier *m* district, area, neighborhood
quatorze fourteen
quatre four
que that, whom, which, what, than; **ce —** what, that which; **plus jeune — moi** younger than I (am); **qu'est-ce —** what; **qu'est-ce qui** what
quel, quelle what, which; **à quelle heure** (at) what time
quelque some, any, a few; **— chose** something; **— temps** some time; **—s minutes** a few minutes
quelquefois sometimes
question *f* question **poser une —** to ask a question
qui who, whom, which, that; **ce —** what, that which; **qu'est-ce —** what
quinze fifteen
quinzième fifteenth
quitter to leave
quoi what, which

R

racine *f* root
raison *f* reason; **avoir —** to be right
raisonnable reasonable, sensible
rapide fast, quick
rapidité *f* swiftness, rapidity
rapport *m* relationship, report
rarement rarely
rasoir *m* razor
réaliser to carry out, accomplish
réalité *f* reality; **en —** really, actually
réception *f* catch (in football)
recevoir to receive, invite
recherches *f pl* research
reçois (*pres of* **recevoir**) receive
reçoit (*pres of* **recevoir**) receives
recruter to recruit
récupérer to recuperate
redevenir to become again
refléter to reflect
réflexion *f* reflection
réforme *f* reform
refuser to refuse
regarder to look at, watch; **— fixement** to stare (at)
règne *m* reign
regretter to regret, be sorry
regrouper to regroup
régulier, régulière regular
régulièrement regularly
religieux, religieuse religious
remarquer to notice, observe
remède *m* remedy, cure
remplacer to replace
rendez-vous *m* date, meeting
renoncer to give up
rentrer to return
réparations *f pl* repairs
réparer to repair
repas *m* meal
réponse *f* answer
représentant *m* **: — de commerce** business representative
représenter to represent
réservé reserved
résidence *f* **: — universitaire** university housing, dormitory
respecter to respect
responsabilité *f* responsibility
reste *m* rest, remainder
rester to stay, remain
résultat *m* result
retrouver to find again
réunion *f* meeting, reunion
réussir to succeed
rêve *m* dream
rêver to dream
revient (*pres of* **revenir**) returns
révolutionner to revolutionize
revue *f* magazine
rien nothing
risquer to risk
robe *f* dress
romain Roman
roman *m* novel; **— policier** detective novel
route *f* route, road; **code de la —** *f* traffic regulations
rue *f* street
ruine *f* ruin
ruiné ruined
Russie *f* Russia

S

sa *f* his, her, its, one's
sain et sauf safe and sound
sais, sait (*pres of* **savoir**) know, knows
saison *f* season
salaire *m* salary, pay
salle *f* room
samedi *m* Saturday
sandale *f* sandal
sans without; **— cesse** continuously; **— doute** probably
satisfait satisfied
sauvage wild
savez, savent (*pres of* **savoir**) know
savoir to know
scandalisé shocked, scandalized
Scandinavie *f* Scandinavia
scientifique scientific
scolaire : vie — *f* school years, life in school
se (to, for) himself, herself, itself, oneself, themselves, each other
seconde *f* second
secrétaire *m f* secretary
sécurité *f* security, safety; **être en —** to be safe
seize sixteen
selon according to
semaine *f* week; **une fois par —** once a week
sembler to seem, appear
sens *m* sense, meaning
sensationnel, sensationnelle sensational, terrific
sentiment *m* feeling, sentiment
sentimentalité *f* sentimentality
sept seven
sérénité *f* serenity, quiet
série *f* series
sérieusement seriously
sérieux, sérieuse serious
servir to serve
ses his, hers, its
seul alone, only; **tout —s** all by themselves
seulement only
sévère harsh, stern
si if, whether, so, suppose
signal *m* signal; **— d'alarme** burglar alarm
signification *f* meaning
signifier to signify, mean
silencieux, silencieuse silent, quiet
simplicité *f* simplicity
singe *m* monkey, ape
situation *f* situation, job
situer to locate, situate
ski *m* ski; **faire du —** to ski
sociologie *f* sociology
société *f* society
sœur *f* sister
soi-même oneself
soir *m* evening; **tous les —s** every evening
soixante sixty
soldat *m* soldier
soleil *m* sun
solide sturdy, strong
solidement well, solidly
sommes (*pres of* **être**) are
son *m* his, hers, its
sondage *m* poll
sont (*pres of* **être**) are
sors (*pres of* **sortir**) leave, go out
sorte *f* kind, sort
sortir to leave, go out
sous under; **— forme de livre** in the form of a book
soustraction subtraction
souvenir *m* memory, recollection
souvent often, frequently
spatial : vaisseau — *m* spaceship
spécialement especially
spécialiste *m f* expert, specialist
spécialité *f* specialty
spectacle *m* show, event
spectateur *m* spectator
splendeur *f* splendor
sport *m* sport; **faire du —** to play a sport; **maillot de —** *m* jersey; **terrain de —** *m* playing field
sportif, sportive athletic, about sports
stade *m* stadium
station-service *f* service station
statistiques *f pl* statistics
stéréophonique stereophonic; **chaîne —** *f* stereo (set)
stéréotypé stereotypical
stimulant stimulating
strictement strictly
stupéfait stupefied, amazed
submergé submerged
suffisant sufficient
suffit (*pres of* **suffire**) suffices, is enough
suis (*pres of* **être**) am
Suisse *f* Switzerland
suit, suivez, suivent (*pres of* **suivre**) follows, follow
suite : tout de — immediately
suivant following, next
suivre to follow; **— un cours** to take a class
sujet *m* subject; **à ce —** on this subject, about this
supérieur superior, higher
supermarché *m* supermarket
supersonique supersonic
supplémentaire additional, extra
supprimer to eliminate, wipe out
sur on, upon, about; **— demande** upon request
sûr sure, certain; **bien —** of course
surgelé frozen
surnaturel, surnaturelle supernatural
surpris surprised
surtout especially, above all
symboliser to symbolize
sympathique nice, friendly
système *m* system

T

tabac *m* tobacco
table des matières *f* table of contents
te (to, for) you, (to, for) yourself
technologie *f* technology
télépathie *f* telepathy
téléspectateur *m* TV viewer
téléviser to televise
temporaire temporary
temps *m* time; **beau —** *m* nice weather
tendance *f* tendency
tente *f* tent

terminer to finish, end, terminate
terrain *m* ground; **— d'atterrissage** landing area; **— de camping** campground; **— de sport** (playing) field
terre *f* land, earth
territoire *m* territory
terroriser to terrorize
tester to test
tête *f* head; **coup de —** *m* header
texte *m* text
thé *m* tea
théâtre *m* theater; **pièce de —** *f* play
timbre *m* stamp
timide shy
timidité *f* shyness
titre *m* title
toilettes *f pl* bathroom, toilet
tomber to fall
tonne *f* ton
toucher to touch
toujours always, still, ever
tour *f* tower
tour *m* trip; **faire le — du monde** to take a trip around the world
touristique *adj* tourist
tout, toute, tous, toutes all, every, quite; **à tout prix** at all costs; **en tout cas** at any rate; **tout de suite** immediately; **tout le monde** everybody; **toute la journée** all day; **tous deux** both; **tous les deux jours** every other day
traditionnel, traditionnelle traditional
traditionnellement traditionally
traduction *f* translation
train *m* train; **en — de** in the act of, (be) busy (doing something); **voyager en —** to travel by train
traitement *m* treatment
tranquille quiet; **laissez-moi —** leave me alone
tranquillement quietly
tranquillisant *m* tranquillizer
tranquillité tranquility
transmettre to transmit
travail *m* work
travailler to work
travailleur, travailleuse worker, hard-working
traverser to cross
treize thirteen
trente thirty
très very
tricher to cheat
tricot *m* knitting
tricoter to knit
trigonométrie *f* trigonometry
trimestre *m* semester
triste sad
trois three
troisième third
trop too; **— de** too much, too many
troubler to disturb, trouble
trouver to find
tu you
typique typical

U

un, une one, a, an; **l' — après l'autre** one after another
unité de valeur *f* credit hour
universitaire *adj* university (of studies, students); **résidence —** university housing, dormitory
université *f* university
urbain urban
utile useful
utiliser to use

V

va (*pres of* **aller**) goes, is going; **ça —** that's all right; **Comment —-t-elle?** How is she?
vacances *f pl* vacation, holiday; **être en —** to be on vacation; **passer des —** to spend a vacation
vagabonder to roam, bum around
vais (*pres of* **aller**) go
vaisseau spatial *m* spaceship
vaisselle *f*: **faire la —** to do the dishes
valeur *f* value
valise *f* suitcase
vallée *f* valley
vandalisme *m* vandalism
varié various
vaut (*pres of* **valoir**) is worth
vendre to sell
venir to come; **— à l'esprit** to come to mind; **— de** just, to have just
vent *m* wind
vérifier to verify, check
versatilité *f* versatility
verticalement vertically
vestige *m* trace, remains
veux, veut, veulent (*pres of* **vouloir**) wish, wishes, want
vexé annoyed, vexed
viande *f* meat
victime *f* victim
victoire *f* victory
vie *f* life, living; **emprisonnement à —** *m* life imprisonment
vieille (*f of* vieux) old
viens, vient, viennent (*pres of* **venir**) come, comes
vieux, vieille old
ville *f* city, town; **en —** downtown, in town
vin *m* wine
vingt twenty
violemment violently
vis-à-vis about, toward
visiter to visit
vit (*pres of* **vivre**) lives
vitamine *f* vitamin
vite quick, quickly
vivant : un bon — a person with a zest for living
vive (*subjunctive of* **vivre**) live; **vive...!** long live...!
vivre to live
vogue *f* fashion
voici there is (are), here is (are)
voient (*pres of* **voir**) see
voilà there is (are)
voir to see, look
voisin *m* neighbor
voit (*pres of* **voir**) sees
voiture *f* car
volaille *f* poultry
volontaire volunteer
volumineux thick (*as a book*); big
vont (*pres of* **aller**) go

vos (*pl of* **votre**) your
voter to vote
votre your
voudrais would like
voulez (*pres of* **vouloir**) wish, want
vouloir to wish, want
vous you; **—-même** yourself
voyage *m* trip; **agence de —** *f* tourist agency; **Bon —.** Have a nice trip.; **faire un —** to take a trip
voyager to travel
voyez, voyons (*pres of* **voir**) see
vrai true
vraiment really, truly
vue *f* view

W

W.C. *m pl* bathroom, toilet

Y

y in it, at it, to it, there; **il — a** there is (are), ago
yeux (*m pl of* **œil**) eyes

Z

zoologique : jardin — *m* zoo

PHOTO CREDITS

Mark Antman: 105
The Bettmann Archive, Inc.: 46 (bottom)
Courtesy of the British Tourist Authority: 82
Courtesy of the Canadian Government Travel Bureau: 120 (right), 121 (left, right)
Courtesy of the Chanteclair Restaurant, NYC: 78
Editorial Photocolor Archives/Robert Rapeleye: 93
Courtesy of the French Embassy Press and Information Division: 15, 20, 31, 32, 35, 46 (top left, middle left), 61, 79, 85, (top, bottom)
Holt, Rinehart and Winston: ii (top), 113
Courtesy of the Kenya Tourist Office: 81
Iris Kleinman: 120 (left)
Helena Kolda: 13, 22, 73, 74, 81 (cameo), 82 (cameo), 83 (cameo), 84 (cameo), 91, 98, 111 (top)
Gar Lunney: 50
Monkmeyer Press Photo Service/Paul Conklin: ii (bottom), 17 /Karl Kummels: 67 (left) /Pat Morin: 66 (right) /Bernard G. Silberstein: 67 (right)
Courtesy of NASA: 84
Photo Researchers, Inc./Richard Frieman: 38 (bottom), 75 /Robert Goldstein: 45 / George Holton: 122 (center) /Hubertus Kanus: 66 (left) /Helena Kolda: 4 (left), 72, 95
Photographie Giraudon: 46 (top right, middle right)
Rapho/Photo Researchers/Aérienne Lang Cipha, Paris: 19 (bottom) /Bajande: 33 / Berretty: 76 /Doiseau: 19 (top) /DuRoy: ii (center) /P. Tairraz: 26 /Yan: 18
Stock, Boston/George Bellerose: 122 (left) /Frederic D. Bodin: 116, 117
Jerry Howard: 4 (right)
Ira Kirschenbaum: 122 (right)
Sygma/Alain Keler: 38 (top) /Alain Nogues: iii /Platini: 99
Courtesy of Trans World Airlines: 83
Courtesy of The United Nations/Y. Nagata: 51
F. Vikar/Holt, Rinehart and Winston: 111 (bottom)
Woodfin Camp/Homer Sykes: 37